Elisabeth Ebenberger

DENN DIE LIEBE IST ES…

DIE LIEBE IST ALLES

Serafina Teil 2

Denn die Liebe ist es…

Herstellung und Verlag:
BoD – Books on Demond
Norderstedt
ISBN: 9783755753698

Umschlag und Innenbilder: Elisa Beth
Gesamtkonzeption: Elisabeth Ebenberger
©Elisa 2021

Das Leben im Hier und im Jetzt erfahren mit allen Sinnen

DENN DIE LIEBE IST ES ...

Dieses Buch ist eine Fortsetzung von Serafina, eine alte Seele erzählt, da ich immer wieder mit Channelings, meistens abends nach der Meditation, Informationen hereinbekomme, wo ich weiß, dass diese mir Elisabeth von meiner Seele Serafina – wenn ich darum bitte, dass sie mit mir spricht - durchgegeben werden. Es ist mir eine Freude, dir auf diesem Wege interessante Informationen niederzuschreiben, aus meinen persönlichen weiteren Lebenserfahrungen und Jahren, und ich werde dir auch meine spirituellen Hilfen mitteilen, so wie ich diese schon sehr lange für mich anwenden darf. Denn im Laufe der letzten Jahre von Meditation, Einkehr und mehr Hellsichtigkeit und Hellfühligkeit - auch über Informationen, die zu mir kommen, ist es für mich eine Freude, dies mit dir zu teilen. Und lieber Leser, es ist nicht wichtig – ob wahr oder Illusion – denn die Informationen kommen aus dem kosmischen Geistfeld – sie sind vorhanden, sonst würde ich sie so nicht niederschreiben.

Es gibt viel mehr in diesen Universen, als wir es uns als Mensch bewusst sind, jedoch es ist Realität. Ob Wahrheit oder nicht Wahrheit – alles hat einen Sinn und

ALLES IST   ES IST

Lieber Leser,

dies ist ein Channeling, welches ich im Jahre 2011 niederschreiben durfte, ich wusste nicht, warum ich das schreiben durfte.

Jetzt ist der Zeitpunkt gekommen, wo ich dir dies in diesem Buch übermitteln darf, da wir am Ende der Endzeit in dieser Evolutionsperiode sind.

Habe keine Angst – es wird alles Gut – wir alle – alle Seelen, die jetzt hier auf der Erde sind, haben uns dies so ausgesucht, da wir bei der Energie Anhebung der Erde und der Universen mit dabei sein wollen. Ich freue mich jetzt hier zu sein und ich freue mich, gerade über meine Bücher Ausdruck zu geben.

Ich danke DIR für dein SEIN.

Was sollen die Menschen vorbereiten, wenn es ein paar Tage nichts mehr gibt?

Ist es wahr, dass es dann 3 Tage und Nächte dunkel sein wird?

Was geschieht mit der Erde und ihren Bewohnern?

Ja, es ist wahr!

Aber liebe Menschen - fürchtet euch nicht. Es ist von uns so vorgesehen. Die Menschen sollen zu Hause bleiben, Ruhe bewahren, Kerzen anzünden und diese Tage in Ruhe verweilen. Es ist gut, wenn ihr einige Vorräte zu Hause habt, damit ihr heizen könnt und etwas Warmes kochen könnt.

Macht euch keine Sorgen, es werden 3 Tage der energetischen Reinigung des gesamten Universums sein.

Das muss sein, dass es dunkel ist, es werden sehr viele dunkle Mächte in dieser Zeit von uns vernichtet werden. Und wenn der Tag wieder anbricht, dann wird alles anders sein.

Eine neue Zeit beginnt für die Erde und das Universum.

Eure Energie wird in dieser Zeit angehoben werden, das wird jeder einzelne von euch merken, ihr werdet wahrnehmen, dass es um euch herum auch noch andere Energien gibt, und am 3. Tag werdet ihr alle gemeinsam auch mit diesen Wesenheiten – Uns – Kommunizieren – und eure Sichtweise wird bei allen auf der Erde eine Andere sein.

Ihr werdet helle Energien und unglaublichen Frieden wahrnehmen und in euch spüren.

Eure Herzen werden ganz offen sein für die Liebe!

Und ihr werdet alle verstehen, wer Gott ist – was Gott ist – und auch das ihr es selbst seid – ihr werdet ab diesen Zeitpunkt wie Gott leben und handeln und es wird alles in der Liebe geschehen.

Die Zeit, die auf euch zukommt, wird eine schöne Zeit.

Ihr braucht keine Kommunikationsmittel mehr – ihr werdet genau wissen und gedanklich kommunizieren und auch mit euren Körpern überall sein, wo ihr gerade sein sollt und auch möchtet.

Frieden kehrt ein, es wird keine Streitigkeiten mehr geben.

Jeder gibt jedem alles, da jeder weiß, es ist in der Fülle vorhanden.

Durch diese Wahrnehmung werdet ihr sofort alles materialisieren und das was ihr benötigt wird da sein!

Essen – Kleidung – Wärme – Wasser – alles was für das Leben notwendig ist.

Ihr seid auch sofort an jedem X-beliebigen Ort, weil ihr euch dorthin durch Gedankenkraft denken könnt.

Dadurch benötigt man keine Autos mehr – keinen Flugverkehr – keine Strahlungen mehr – und die Erde wird wieder lebendig.

Auch wird in diesen 3 Tagen die Erde komplett von allem Müll – Atom und Unrast von uns gereinigt – es wird keine Atomverstrahlung mehr geben, alles wird wieder Natur sein, so wie Gott es einst erschaffen hat.

Drum fürchtet euch nicht, diese Tage der Dunkelheit bringen euch allen die Ewige Zeit des Lichts und der Liebe.

Freude wird sein über Allen und die Liebe wird wachsen.

Es ist Zeit für eine neue Zeit,

drum kommt und lasst uns erfreut sein –

es wird wieder Frieden und Ordnung sein!

Elisabeth Ebenberger Channeling am 27.05.2011

Lieber Leser, in diesem Buch werde ich auch praktische Tipps und Informationen niederschreiben, die du dann auch anwenden kannst.

Es ist jetzt an der Zeit, meine täglichen Rituale, Informationen und Erfahrungen, wenn ich mit Menschen wirken darf, mit dir hier jetzt auszutauschen. Es ist notwendig in dieser Zeit und in der kommenden Zeit, dass der Mensch weiß, warum er hier auf der Erde ist, und das jedes Wort, jeder Gedanke und alles was er tut, sein jetziges Leben bestimmt. Niemand anderer ist zuständig für sein jetziges Leben – sondern er ganz alleine selbst.

Es ist notwendig jetzt und in Zukunft – genau Acht zu geben – auf das, was wir denken und wie wir es sprechen.

Jeden Morgen, wenn du erwachst, ist es gut, wenn du noch im Bett dir bewusst machst, so – jetzt schöne Gedanken zu denken für diesen wunderbaren Morgen.

Ich werde zum Beispiel am Morgen munter und ich sage mir gedanklich – So ein Tag, so wunderschön wie heute – und das ist schon seit einiger Zeit meine Gedankenkontrolle, da ich merke, wenn ich schon am Morgen diesen Satz singe – gedanklich – stehe ich ganz anders auf. Ich habe somit die ersten bewussten Gedanken schon mit Freude erfüllt.

Das ist unabhängig davon, ob es ein Regentag ist, ein nebeliger Tag, Schneefall oder wunderschöner Sonnenschein wird. Meine Gedankenhygiene beginnt am Morgen, wenn ich erwache.

Wir alle können es lenken, wenn wir uns bewusst sind – DAS WIR DER SCHÖPFER UNSERES LEBENS SIND.

Wir – Du bist der Schöpfer von deinem täglichen Sein. Gott hat es so gewollt – Jesus und andere Avatare haben es uns gezeigt – wenn wir die kosmischen Gesetzmäßigkeiten einhalten, nach diesem Gesetz leben und uns ausrichten, dann sind wir absolut im Sein und in unserem Lebensplan.

Ja unsere Seele, welche einen Seelenplan einhält – ist hierher auf die Erde gekommen - inkarniert in einen menschlichen Körper – lebt hier in diesem Leben ihren Lebensplan.

Der Lebensplan ist jetzt - in diesem Körper zu leben – für alle Menschen.

Der Seelenplan ist der Plan von vielen, vielen verschiedenen Leben auf der Erde, die die Seele schon gelebt hat und noch leben wird.

Je mehr wir uns bewusst werden, dass wir Schöpfer sind von unserem eigenen Leben, je mehr sollten wir uns überlegen, schon am Morgen, wenn wir wach werden – wie stehen wir auf – mit welchen Gedanken stehen wir auf – und welche Taten und Gedanken beschreiten wir tagsüber.

Jetzt kann von dir das Argument kommen:

Ja das ist nicht so einfach, ich bin im Arbeitsprozess drinnen, die Kinder müssen versorgt werden, die Tiere müssen versorgt werden, beide gehen arbeiten usw ...

Ja, jeder hat seinen täglichen Ablauf zu erfüllen und er hat es selbst in seiner Hand. Jedoch je aufmerksamer wir für unser eigenes Leben werden, umso stärker werden wir in unserem täglichen Sein. Wir bekommen mehr Akzeptanz und Toleranz – von uns selbst – und dann auch im Umfeld. Ja auch im Außen, denn je mehr uns bewusst ist, warum wir hier auf der Erde sind, umso mehr Festigkeit haben wir hier auf der Erde. Gerade in dieser Zeit des Erwachens ist es notwendig, dass der Mensch noch mehr zum „umdenken" anfängt.

Der Mensch muss wissen, dass er hier auf der Erde ist, um seinen Lebensplan - den die Seele leben muss - hier auf der Erde – zu erfüllen.

Es ist nicht vom Schöpfer vorgesehen, dass der Mensch hier auf der Erde morgens aufsteht, den ganzen Tag schwer arbeitet, dann vielleicht noch einen Arbeitsplatz hat, wo er gemobbt wird, den er nicht gerne besucht, nur um Geld zu verdienen, damit er alle Lebenserhaltungskosten abdecken kann.

Nein, so kann er seine vorgesehene Lebensaufgabe nicht leben und auch seine Herzfrequenz nicht leben. Es ist wichtig, dass wir in unserem Leben aufmerksam werden auf unsere eigene Herzfrequenz.

„Was möchte ich in meinem Leben – aus meinem Herzen heraus? Was ist mein Herzens – Wunsch?"

„Was tut mir gut – und was tut mir nicht gut", was wünscht sich dein Innerstes?

Wenn du aus dem Herzen lebst, wenn du versuchst – tagtäglich – immer wieder auf dein Innerstes (Herz) zu hören, ist das jetzt für mich stimmig – oder ist das jetzt für mich nicht stimmig – dann bist du auf dem richtigen Weg.

Ja, lieber Leser, es ist natürlich nicht so einfach, und man lernt dies auch nicht von einem Tag zum anderen. Jedoch wenn du JETZT beginnst, jetzt mit diesen einfachen Schritten, und dies konsequent jeden Tag machst, und bei der Gedankenkontrolle dabei bist, umso schneller wird das in dein Unbewusstes manifestiert. Eines Tages wird es dann ganz automatisch ablaufen, und dein Leben ist schon in der Veränderung. Du wählst dir dann die Wörter aus dem Unbewussten ganz bewusst heraus, wie sprichst du mit den Menschen, wie gehst du mit deinem Umfeld um, wie gehst du mit dir selbst um, wie gehst du mit deiner Familie um und wie gehst du mit -Allem was Ist – um.

Ich werde hier in diesem Buch dir praktische Anleitungen geben, die du dann üben kannst – wo ich glaube, dass es für dich zum Nutzen sein wird. So wie es für dich richtig ist, suchst du dir die Übungen aus und – tust es einfach. Dieses Buch wird eine Zusammenfassung von Eingebungen sein, von intuitivem Wissen aus dem Inneren heraus und auch von meinem persönlichen Wissen der praktischen Übungen, die ich schon Jahre ausübe. Ich verrate dir die Abläufe aus meinem täglichen Sein, ja die vielen Jahre, wo sich manche leichten Übungen manifestiert haben, auf die ich nicht mal mehr denke, die werde ich dir bekannt geben. Es ist mir gar nicht mehr bewusst, dass ich am Morgen, wenn ich aufwache, meine Rituale mache. Jedoch alles was ich für mich jeden Tag tue, gleicht mich vom Morgen weg schon aus. Auch tagsüber, wenn ich Zeit habe und einige Minuten Ruhe brauche, setze ich mich in meinen Yoga Sitz hin, und gehe automatisch meinen Körper durch und gleiche ihn damit aus. Ja so komme ich immer wieder in meinen natürlichen Ausgleich, und ich kann mir sehr viel Gutes damit tun. Es erfüllt mich und meinen Körper mit Frieden, Ruhe und mit Ausgeglichenheit.

Wenn mir etwas Zuviel wird, wenn ich irgendwie zu sehr belastet bin, macht sich das sofort mit meinen körperlichen Symptomen bemerkbar. Es dauert manches Mal sogar bis zu 2 Tagen, bis ich draufkomme, dass ich eine energetische Belastung habe, die mir diese körperlichen Symptome auslöst.

Ja, dann gehe ich sofort in meine Ruhe und bitte meine Engel mir zu helfen. Ich vollziehe mein Ritual, öffne einen Lichtkanal, und bitte meine Engel alles in diesen Kanal zu leiten, dass mir nicht guttut. Ich sehe dann manchmal auch schon die verschiedenen

Wesenheiten, die dann von den Engeln „abgeführt" werden. Damit gebe ich dieser Energie die Möglichkeit, sie zu befreien, ins Licht zu schicken, oder auch dahin, wo sie selbst gerne hingehen möchten. Ich lasse bei diesem Ritual meine Engel helfen, denn sie wissen genau, wie und was sie tun. Nach diesem Ritual bedanke ich mich bei meinen lichtvollen Helfern und mache bewusst diesen Lichtkanal wieder zu. Binnen 2 Minuten geht es mir dann besser und die „Besetzungen" sind, genau da, wo sie hinwollten.

Ich bin draufgekommen, immer wieder gibt es Wesenheiten, die sich so bemerkbar machen, seit Jahrzehnten weiß ich das, und gebe ihnen damit die Chance – weiterzugehen.

Lieber Leser, du brauchst vor keinen dieser Wesenheiten oder Besetzungen Angst haben, du hast es in deiner Hand, willst du sie behalten oder du sprichst mit ihnen und schickst sie weg. Auch diesen Energien muss man Befehle erteilen, denn sonst glauben sie es nicht. Wenn man konsequent die Anweisung gibt, dann gehen sie weiter.

Dies ist jetzt eine Übung lieber Leser, die solltest immer vor allen anderen Übungen und auch am Ende der Rituale als Abschluss machen. Eine Erdung ist sehr wichtig im Hier und im Jetzt und dann bist du auch gut verwurzelt mit Allem und mit deinem Sein.

ERDUNG

Die Erdung ist sehr wichtig für uns Menschen. Bist du nicht geerdet, das heißt mit der Erde im Inneren verbunden, dann fehlt dir die Standfestigkeit, das irdische annehmen und es ist einfach ein Ritual, welches du immer und überall vollziehen kannst. Um auch alle Übungen gut zu machen und auch gut abzuschließen, solltest du dich vor jeder Übung mit deinen Wurzeln geistig mit dem inneren der Erde – mit deinem inneren Platz der Erde – verwurzeln und verbinden. Bevor du dich geistig in die Pyramide setzt - verwurzle dich.

Sprich: Meine Wurzeln wachsen von meinen Füßen aus in das Innere der Erde zu meinem Platz, und verzweigen sich im Innen überall, damit ich fest mit der Mutter Erde verbunden bin. Danke Mutter Erde für die Unterstützung, und danke für dein Sein.

Dann machst du deine Übung – was du auch immer tust – nach der Übung erdest du dich wieder, du gehst aus der Kristallpyramide heraus und bittest wieder mit deinen Worten um deine Erdung. Zum Abschluss dankst du allen, die mit dir waren und dir bei deinem geistigen Sein geholfen haben.

BEFREIUNG VON UNGEWOLLTEN ENERGIEN

Setze dich in den Meditationssitz, atme tief ein und aus und siehe, wie du zur Ruhe kommst. Als erstes bittest du deine geistigen Helfer, dein Höheres Selbst oder Christus mit der Christusenergie, jeder kann es handhaben, wie es für ihn richtig ist, dass du in eine Kubische Pyramide gesetzt wirst, wo du im ersten Drittel – Oberkannte – in der Mitte platziert wirst. So ist die Anbindung ans Kosmische Geistfeld am besten gegeben, deine Intuitionen sind die richtigen und es geschieht auch das Richtige für dich. Es ist ein Kosmischer Schutz, und die Wirkung wird dadurch sehr viel stärker.

Mein Satz dazu lautet:

Bitte mich in die Kubische Pyramide zu setzen, erstes Drittel, Oberkannte, Mitte.

Dann bittest du um einen Lichtkanal. Bei mir sind es immer 2 Engel, die mir dabei helfen, aber du wirst schon deine richtigen Helfer zur Seite haben, wenn du darum bittest. Dieser Lichtkanal umhüllt deinen Körper und deine Aura und nun fängst du an, bewusst, mit den vorhandenen Energien zu reden und sie aufzufordern in den Kanal zu gehen, sie sollen dorthin gehen, wo es für sie am besten ist. Denn dein Körper möchte diese Energien nicht mehr und sag ihnen, dass es dir nicht guttut, wenn sie von deiner Energie zehren. Sag ihnen mit Nachdruck, sie sollen den Anweisungen folgen, denn es ist nicht witzig, wenn sie bei einem Menschen in das Energiefeld eindringen, und dich dann so ungut belasten. Sag auch, dass du alle deine Helfer zur Seite hast, die sie Hin Fort begleiten werden, wenn sie nicht gewillt sind, von alleine zu gehen. Sie sollen sofort gehen, damit du wieder in deine Harmonie kommst. Sie müssen verstehen, dass du es ernst meinst, und es kein Zurück gibt für sie, gehen müssen oder dürfen sie so und so. Nun kannst du noch länger in diesem Kanal verweilen, und deinen Körper mit Hilfe des Lichts wirklich von

Kopf bis zu den Füssen reinigen. Dort wo du Schmerzen hast gibst du Heilendes Grünes Licht hinein und reinigst wieder mit weißem Licht und am Schluss füllst du den ganzen Körper mit weiß goldenem Licht auf.

Wenn du dies alles getan hast fühlst du dich freier und frischer und es ist an der Zeit, den Lichtkanal wieder zu schließen. Du bedankst dich bei all deinen Kosmischen Helfern und bittest darum, dass dieser Kanal wieder geschlossen wird.

Gehe jetzt nochmal in die Ruhe, atme tief aus und ein und atme bewusst alles nochmal aus, was nicht mehr zu dir gehört. Verlasse die Pyramide und Erde dich.

Es gibt so viele einfache Übungen und bewusste Wahrnehmungen, um die Energie ins Positive zu lenken, sodass sich der Mensch sehr schnell und sofort selbst helfen kann.

Alles ist Energie – du hast es in der Hand – lenke sie ins Positive und du bist heil. In jeder Situation kannst du dir selbst helfen, es braucht nichts – außer seinem bewussten Geist – da wo ich ihn hinlenke – da wird es sein.

Ja, ganz wichtig – die hundertprozentige Überzeugung dafür brauchst du, damit es funktioniert. 99 Prozent sind zu wenig und es wird nicht sein.

Dein Herz muss sich zu 100 Prozent sicher sein, dass es jetzt richtig ist, was du tust. Dann kannst du dir und vielen anderen Menschen auch helfen.

Ich danke dir

MEDITATION UND GEDANKENSPEICHER LEEREN

Im Jahre 2015 hatte ich das Glück, dass ich in eine kleine aber feine Wohnung ziehen durfte, direkt am See. Vom Balkon aus hatte ich nur die Wasserfläche vor mir, einzig die Eisenbahn und die Strandpromenade waren dazwischen. Ich sagte sofort ja dazu, und richtete sie mir nett ein. Zu diesem Zeitpunkt hatte ich schon einige Bücher geschrieben und das 5. Buch – Kosmisches Naturgesetz – war gerade in Arbeit. Durch den Ausblick und die Ruhe am Abend, wenn nicht so viel Verkehr war, saß ich am Balkon und blickte in die Sterne und bei Vollmond war alles besonders schön. Ich konnte dem Vollmond zusehen, wie er über dem See aufging. Es war für mich so ein Frieden – in der Nacht - und ich spürte da, ich bin dem Göttlichen ganz nah. Natürlich wurde ich inspiriert dazu, das nächste Buch fertig zu schreiben.

Da mich zu dieser Zeit einige Male ein sehr guter Freund aus Deutschland besuchte, wurde ich von ihm inspiriert, dass ich mit meinen Meditationen anfing.

Er war sehr besonnen, wenn er ankam, hat er mich kurz begrüßt, und ist sofort auf den Balkon gegangen, um dort 10 Min. zu meditieren. Erst als er fertig damit war, ist er bei mir ganz angekommen, und wir unterhielten uns dann.

Dies habe ich ein paar Mal beobachtet und er hat mir auch gesagt, warum er das für sich so anwendet. Denn mit einiger Zeit wird es eine so gute Gewohnheit – man möchte dies nicht mehr missen. Das alte herunterzufahren, und das Neue zu begrüßen mit einer neuen, wunderbaren mit Gott verbundenen Energie.

Das hat mich so angesprochen, sodass ich ab diesem Zeitpunkt anfing, jeden Tag nach dem Aufstehen, und abends vor dem Schlafengehen – meine Meditation zu machen.

Heute 2021, bin ich Elisa 61 Jahre und meditiere schon seit ca. 5 Jahren jeden Tag. Ja, ich kann nicht mehr anders, wenn ich mich hier zu Hause irgendwo bequem hinsetze, setze ich mich immer in den Meditationssitz, das gibt mir Ruhe, Stärke und Besonnenheit, denn der Rhythmus meiner Meditationen hat sich in mir manifestiert. So danke ich heute meinem ganz lieben Freund für seine Geste, denn es hat sich dadurch bei mir in den letzten Jahren auch viel in meiner „Bewusstheit" verändert.

So würde ich dir jetzt mitteilen, wie ich damit angefangen habe, in die Ruhe zu kommen.

MEDITATION

Du setzt dich einfach auf einen Stuhl gerade hin, oder natürlich auch in den Meditationssitz. Das was für dich am bequemsten ist. Man sollte dies nicht im Liegen machen, denn wenn die Wirbelsäule gerade ist, bist du am besten mit dem Göttlichen verbunden.

Bleibe bei dir, atme ein und aus, höre auf deine Atmung und versuche an nichts zu denken. Es werden immer sehr viele Gedanken durch dich hindurchgehen, lass sie gehen, denn es darf sein. Wenn Dinge anstehen, wenn du Überlegungen benötigst, dann mache dies in dieser Stellung, denn da bist du am reinsten und am klarsten im Kopf.

Jetzt die **Erdung**, dann

bittest du deine geistigen Helfer, so wie ich es schon oben erwähnt habe, dich in die **Kubische Pyramide zu setzen, erstes Drittel, Oberkannte, Mitte.**

Diese Pyramide mache ich bei allen meinen Übungen als Erstes, denn dann ist der Kosmische Schutz immer gegeben und du hast auch die richtigen Intuitionen für dein Wirken.

Du kannst auch damit beginnen, deine vielen Gedanken in deinem negativen Gedankenspeicher zu leeren, denn gerade diese vielen Gedanken, die sind dafür zuständig, dass wir viele von den Gedanken jetzt leben dürfen, oder in einem der nächsten Inkarnationen leben dürfen.

Sei dir bewusst, alles was du denkst, wahr wird, irgendwann. Deshalb diese Übung öfters am Tag:

Bitte meinen negativen Gedanken Speicher leeren!

Machst du dies auch während deiner Meditation, kommst du viel schneller in deine Ruhe und viele Dinge, die dich beschäftigt haben, sind plötzlich nicht mehr da.

Du kannst auch noch bestimmte Themen, die für dich nicht stimmig sind, mit dem Wort:

Korrigieren

bereinigen.

Merke dir dieses eine Wort, es kommt aus der CQM und korrigiert alles, was ins Gleich – Gewicht kommen darf. Es ist sehr wirksam, denn ich wende diese Methoden schon lange bei meinen Kunden an, wenn Situationen zum Bereinigen sind.

So bist du nun im Meditationssitz, atme aus und ein und schiebe alle Gedanken bei Seite. Denke an nichts, lass auch Gedanken vorüberziehen, ich bin dabei immer in vollkommener Ruhe, keine Musik, keine Ablenkung, sondern nur ich. Du wirst sehen, am Anfang ist es komisch, nur dich atmen zu hören und deine ganzen Gedanken, die vorüberziehen. Auch wirst du in diesem Moment plötzlich deine Umgebung mehr wahrnehmen, und es wird dir auffallen, es ist so viel „unbewusster" Lärm um dich, den du sonst nicht wahrnimmst. Ja, alle Dinge um dich wahrzunehmen wird auch interessant in dieser Ruhestellung, denn da wird dir plötzlich klar, was sich noch so alles um dich herum tut.

Es darf sein, es darf in dem Moment alles sein,

was DIR GUT TUT.

Denn das ist in diesen Momenten wichtig, dir darf es guttun. Am Anfang machst du deine Meditation ein paar Minuten und im Laufe der Zeit wirst du merken, dass du dafür mehr Zeit haben willst, so wirst du automatisch diese Zeit für dich nehmen und du merkst dabei, was das mit deinem „angespannten" Körper macht. Du wirst ruhig, besonnen, nicht mehr so aufbrausend und bist dir gewahr, es geschieht alles so, wie es sein soll. So schnell bringt dich dann im Leben nichts mehr aus der Ruhe.

Dann gehst wieder aus der Pyramide heraus und erdest dich.

Diese Übung regelmäßig angewendet, morgens und abends – oder wenn es beruflich nicht vereinbar ist, wenigstens am Abend vor dem Schlafen gehen „tun", denn auf dies kommt es an, dass regelmäßige, freiwillige Tun erzielt am Ende große Wirkung.

Nun, da ich Elisa immer so auf meinem Balkon nahe an den Sternen sitzen darf, durfte ich auch etwas darüber schreiben.

DER KRIEG DER STERNE

KRIEGER DES LICHTS

Es ist ca. 22 Uhr abends und ich habe gerade vorher mit dem Fernglas die Sterne angesehen. In diesem Moment ist ein Satz bei mir da gewesen – wir haben den „Krieg der Sterne".

Was hat es mit diesem Satz auf sich.

Liebe Elisabeth – der Krieg der Sterne – es ist nicht richtig benannt. Es ist nicht Krieg – es ist Liebe, die auf die Erde hinunterprasselt. Es ist die Liebe eurer Sternengeschwister. Es ist nicht Krieg – es prasselt jeden Tag auf die Erde –

DIE LIEBE DER STERNENGESCHWISTER.

Es gibt viele, viele Milliarden von Sternen in den Universen und in eurem Universum. Und gerade diese Bewohner dieser vielen Sterne, die halten das System aufrecht. Und damit das System aufrecht bleibt – das System im Kosmos – was einst der Schöpfer erschaffen hat – sind viele, viele Sternengeschwister immer wieder unterwegs, um Planeten wieder in die Harmonie zu bringen. Immer wieder gibt es Unstimmigkeiten unter den Planeten – unter den Sternen – und so ist es auch mit diesem Planeten Erde, der dazugehört. Deshalb sind immer wieder die sozusagen „Krieger" unterwegs, Krieger in den Universen unterwegs – es sind die Lichtkrieger. Dies heißt – sie bringen das Licht auf die Erde. Sie bringen das Licht zu den Planeten und sie bringen die Liebe zu den Planeten. Es ist auch die Erde dabei.

Diese Lichtkrieger – man nennt sie so – sie sind in ewiger Zeit unterwegs, um das Licht und die Liebe auch hier auf die Erde zu bringen. Und jetzt ist der Zeitpunkt gekommen, gerade in den letzten Jahren, wo viele, viele Lichtkrieger unterwegs sind, und das Licht und die Liebe auf die Erde einströmen lassen. Das es natürlich hier in dieser Frequenz – wo wir das Gesetz der Resonanz haben, hier auf dieser Erde – zu einer Dichte kommt, wo das „Böse" – das Unlicht – versucht zu überleben und komprimiert versucht alles in eine Ecke zu drängen, wegzusperren, mundtot zu machen, von den Menschen her gesehen, ja – das Unlicht versucht jetzt noch – die Macht zu behalten. Jedoch das Licht, das schon lange von den Lichtkriegern auf die Erde gesandt wird – es wird immer stärker. Das Unlicht muss gehen, es muss unweigerlich gehen und es wird gehen. Das Unlicht kann nicht bestehen auf einer lichtvollen Erde.

Und genauso passiert es auch auf vielen, vielen anderen Sternenplateaus in den Universen. Sobald Uneinigkeit herrscht, ein Ungleichgewicht herrscht – wo das Unlicht größer wird – und das Licht kleiner – gleichen die Sternenkrieger – Lichtkrieger wieder aus. Sie gleichen das Unlicht mit dem Licht wieder aus, sodass es zu einer Harmonie kommt. Damit das Licht überwiegt – es wird auf dem Stern - LICHT.

So wird jetzt auch auf der Erde - LICHT, und das passiert jetzt in dieser Zeit. Es wird noch einige Zeit dauern, bis das Licht alles vollkommen erleuchtet – jedoch ihr seid mitten drin in dem Erleuchtungsprozess. Und glaube mir Elisabeth – die Zeit ist ganz, ganz kurz für die Erleuchtung – ganz kurz in den Universen und ganz kurz auch auf der Erde.

Die Zeit – spielt sich nur in euren Köpfen ab, denn diese Zeit, die es dafür benötigt, die gibt es nicht in euren Köpfen, denn auf der Ebene wo das geschieht, da gibt es keine Zeit. Aber das Licht ist schon lange da. Die Licht – Krieger, sie sind unterwegs, und sie sind schon sehr, sehr nahe. Sie sind auf der Erde, viele sind Mensch geworden, und sind jetzt auf der Erde, um einfach dieses Unlicht, auszublasen. Es gibt nichts mehr, dass von dieser Energie hier auf der Erde „überleben" kann in Zukunft, und überleben wird.

Das Licht wird in Zukunft sein, nur mehr das Licht. Und wenn das Licht vollkommen ist auf dieser Erde, dann ist es vollbracht. Dann ist eine neue Ära eingeleitet worden – von den Lichtkriegern – und diese Ära bedeutet:

FRIEDEN

FÜLLE

LEICHTIGKEIT

MENSCHLICHKEIT

ABSOLUTE FREIHEIT

UND LIEBE

Für alle Wesenheiten und Lebewesen, die die Erde bewohnen. Gegenseitiges Miteinander – Ineinander – Zusammenhalten – Aufbauen – Friedvolles Miteinander – dies wird die Zukunft sein!

Im Moment ist es noch ein bisschen turbulent – jedoch das muss sein. Das Unlicht möchte über – leben – wird es aber nicht schaffen, denn Unlicht ist in Zukunft auf der Erde Bedeutungslos und Machtlos, und jeder einzelne, der daran bis jetzt beteiligt war, wird seinen Weg gehen, denn das, was er ausgesendet hat, wird er jetzt zurückbekommen. Ja gerade für diese Menschen, die im Unlicht stehen und schon lange im Unlicht sind, die werden es absolut spüren, schneller als ihnen lieb ist.

Denn die „Lichtkrieger" kennen kein Erbarmen. Seelen, die nicht mehr hier auf der Erde sein sollen und dürfen, werden von der Erde weggenommen. Dies ist die Aufgabe der Lichtkrieger. Es ist eine natürliche Auslese – und diese Auslese geschieht

JETZT!

Die Erde ist ein Lichtwesen, und sie war immer schon ein Lichtwesen, wie alle anderen Sterne in den Universen, und die Erde wird jetzt wieder zum absoluten Licht.

Freut euch, liebe Menschen – es ist vollbracht, es ist getan. Und die Krieger des Lichtes – alle Lichtkrieger in den Universen sind Jahraus – Jahrein – in der ewigen Zeit da und unterwegs, um das Licht in den Universen auszugleichen.

NATUR – MITTEL FÜR MEINEN KÖRPER

In den letzten Jahren habe ich für mich damit begonnen, jeden Tag am Abend Hanf CBD Tropfen einzunehmen. Ich bin draufgekommen, dass ich sehr schnell zur Ruhe komme und bald einschlafen kann. So wende ich CBD schon Jahrelang an, und ich gebe es auch auf frische Verletzungen und auf Schmerzen.

Da ich Vorträge über Hanf und seine Verwendung im täglichen Leben abhalte, ist es mir sehr wohl bewusst, dass der Hanf die beste Pflanze ist, die jemals von der Schöpfung dem Menschen zur Verfügung gestellt wurde. Ich erzähle dir jetzt einige Details darüber, damit du weißt, warum das Produkt für mich so wunderbar ist.

Man unterscheidet den Hanf, der von gesetzlicher Seite her so gezüchtet ist, damit der Hanf nicht mehr als 0,2 – 0,3% THC beinhaltet. Man nennt ihn Sativa. Es gibt sehr viele verschiedene Sorten davon im Handel.

THC = Tetrahydrocannabinol – dies ist der Psychoaktive Stoff im Hanf, der sehr gut bei Schmerzpatienten unter Aufsicht eines Arztes einzusetzen ist. Die natürliche Variante von THC ist wesentlich effizienter bei Schmerzpatienten als die künstliche Variante, die in den Apotheken erhältlich ist. Gott sei Dank ist Hanf so sehr effizient in der Heilung, das ist auch der Grund, warum der Hanf in den letzten 100 Jahren so verbal und über alle Medien „schlecht" geredet worden war.

Schon Henry Ford hat im Jahre 1920 das erste Hanf Auto produziert, wobei dies auch noch mit Hanfdiesel betrieben wurde. Da aber die „Mächtigen", die unsere Welt regieren, damals schon andere Interessen hatten, wie das Erdöl, wurde sofort ein Gesetz erlassen, dass der Hanf in Zukunft nicht mehr angebaut und auch nicht mehr vermarktet werden darf. Es wurde sogar ein Video in Amerika gedreht, wie schlecht der Hanf sei, und die Menschen verrückt mache, sodass sie aus dem Fenster springen würden. Dies sieht man in dem Film. Es ist absurd, aber es war damals mit den Lügen schon so, wie auch heute.

Wusstest du, dass es in Österreich, wie auch in Deutschland und in den anderen Ländern, immer mehr Hanfdörfer gibt, wo die Produkte aus Hanf angeboten werden. Auch hier in Kärnten gibt es heute schon sehr viele Hanfbauern, die biologische Landwirtschaft betreiben und wunderbare Hanfprodukte herstellen.

Meine Hanfprodukte, die ich verwende, kommen aus Kärnten. Steiermark und Niederösterreich. Ich unterstütze auch im Verkauf die heimischen Bauern, die mit so viel Ehrfurcht und Liebe ein wunderbares Produkt herstellen.

Wusstest Du das schon?

Cannabis-Dschungel im Waldviertel und der Dorfwirt serviert Hanftorte, Cannabisblätter zieren die Servietten.

Im Laden im Dorf findest du lauter gute Hanfprodukte.

CBD Öl
Hanf Käse
Hanfschokolade
Hanf-T-Shirts
Hanftaschen
Hanfcremes uvm.

Der Hanf ist:

Seit 15000 Jahren eine weltweit verwendete Kulturpflanze

80% aller Textilwaren wurden aus Hanf produziert

90% aller Papierwaren stammten aus Hanffaser

Seile, Schnüre, Lacke, Farben, Öle aus Hanf

Nahrungsmittel, Brei und Suppen bis Beginn 19. Jhd.

Aus 0,4 ha Hanfzellstofffaser würde man 1,66 ha Holzbestand

schonen

Der Hanf ist ein Tiefwurzler - bringt die Nährstoffe von

unten nach oben

Er wurzelt bis 2m in die Tiefe

Der Hanf braucht keine Spritzmittel - Ernte bis 4-mal im Jahr

Fazit:

Das was menschlich ist, was die Natur gibt und für den menschlichen Körper harmonisierend wirkt, was entspannend sein kann, was ausgeglichen macht, das ist verboten.

1. Kaffee
2. Schmerzmittel
3. Fast Food
4. Limonade
5. Zigaretten
6. Alkohol
7. Großstädte

All das, was uns aggressiv macht, ist erlaubt. Es gibt Studien die zeigen, dass alles was mit häuslicher Gewalt zu tun hat, mit Alkohol zusammenhängt.

Macht Cannabis süchtig?

Was Studien dagegen schon gezeigt haben ist, dass Cannabis weniger abhängiger macht als Koffein.

Forscher haben bewiesen, dass Cannabis eine wunderbare Pflanze ist, und als Nahrungsmittel für den Menschen vielseitig zu verwenden ist.
Als Tee, als CBD Öl, als Salbe uvm.

WIR Lebewesen HABEN EIN
„ENDO-CANNABINOIDES" SYSTEM

ECS ist das größte selbstregulierende System im menschlichen Körper.

Wenn etwas natürlich ist, dann ist dies der Gebrauch von Cannabis durch den Menschen.

Alle Säugetiere also auch der Mensch, haben im Körper ein Endo-Cannabinoides System.

Endo > Körpereigen!
Der Körper erzeugt selbst!

Der Körper erzeugt selber **Cannabinoide.**

Diese Substanzen fungieren als Signalgeber, sie wandern im Körper zu einem gewissen Punkt, welche wir Rezeptoren nennen.

Verbindung > Prozess > ECS - das größte selbst- regulierende System im Körper wird aktiv.
Das Endo Cannabinoide System reguliert somit alle Abläufe im Körper, die einen Menschen gesund erhalten:

Stoffwechsel, Hormonproduktionen, Entzündungen, Immunsystem, Schlaf- und Zellregeneration, Autoimmunkrankheiten.

Obwohl dies in wissenschaftlichen Kreisen schon seit Jahren bekannt ist, ist es für die Gesellschaft immer noch nicht plausible.

„Altes Wissen kehrt zurück"!

1990 entdeckte die Wissenschaft das ECS das erste Mal.
Die Botenstoffe „Cannabinoide" werden vom Körper selbst produziert. Die Lebensdauer sind 1 – 2 Stunden.
Cannabinoide kommen im natürlichen Wachstum in der Hanfpflanze vor. Sie haben fast identische Strukturen wie jene im menschlichen Körper.
So gibt es noch weitere Pflanzen, die Cannabinoide beinhalten:
Pflanzen, die wie HANF Cannabinoide enthalten

- Echinacea (Roter Sonnenhut)
- 2. Jambu/Electrical Daisy (Acmella oleracea)
- 3. Helichrysum umbraculigerum (Strohblume)
- 4. Radula marginata (Lebermoos)
- 5. Schokolade
- 6. Schwarzer Pfeffer (piper nigrum) / Zimt

Hanf beinhaltet alle B-Vitamine > auch B12
Vitamin D + E > hochwertige Proteine
8 essentielle Aminosäuren

Omega3-6-9 + Eisen und noch viel mehr.

Konsumieren sie jeden Tag geschälte Hanfnüsse oder Hanfproteine, Hanfspeiseöl zu Salaten und ihr Körper wird es ihnen mit Gesundheit danken.

Der Hanf macht noch viel mehr, CBD regelmäßig konsumiert, bringt alle Zellen im Körper dazu aufzupassen, dass keine schlechten Zellen überleben können. So fördert CBD die Apoptose, das heißt, jede einzelne Zelle besitzt die Fähigkeit zur **Apoptose**.

Dies ist ein Selbstzerstörungsprogramm für kranke Zellen.
Rick Simpson hat diese Entdeckung gemacht und auch publiziert.

Warum kann die Hanfpflanze zur Rettung der Erde beitragen?
Der Hanf ist die beste Pflanze, um verseuchte mit Schadstoffen kontaminierte Böden, durch das Anpflanzen zu reinigen.

Am ehemaligen Atomkraftwerk in Tschernobyl wird **Hanf** benutzt, um den Boden von Giftstoffen zu reinigen.

ПРИПЯТЬ
1970

www.CannabisMedizin.org

Dieser Prozess nennt sich Phytosanierung und Hanf gilt als eine der effektivsten Pflanzen.

Hintergrundbild von Eero Nevaluoto @flickr 62768393@N03

SEHR VIELE PRODUKTE KÖNNTE MAN AUS HANF PRODUZIEREN:

ALLE PRODUKTE AUS PAPIER
TEXTILIEN
PLASTIK
NAHRUNG
ESSENTIELLE ÖLE
NAHRUNGSERGÄNZUNGEN
MEDIZIN
BRENNSTOFFE
TIERNAHRUNG
BAUROHSTOFFE
KÖRPERPFLEGE
HANFBIER UND GETRÄNKE

Ich möchte dir sagen und verkünden – es ist alles auf dem Weg und es ist alles gerichtet. Ihr alle seid schon auf den Weg dorthin. Die Befreiung der Menschheit heißt – ihr werdet alle ins Licht angehoben. Das heißt – das was die letzten paar tausend Jahre mit den Menschen passiert ist, wird wieder in eine Umkehr bewogen. Ihr seid die letzten paar tausend Jahre immer weiter weg gekommen von eurem wirklichen Sein. Der Mensch selbst ist weit weg gekommen von seinem wirklichen DA Sein. Es wurde ihm immer mehr vorgegaukelt, dass dies, so wie ihr heute lebt – das richtige Leben sei. Aber die Menschen haben viel Größeres vor. Die Menschen sind hier auf die Erde gekommen, um in ihrem wahren Sein zu leben und nicht geknechtet zu sein. Das wahre Sein der Menschen ist aus dem Herzen heraus zu leben und den Geist so zu erhöhen, und so mit viel Licht zu erfüllen, dass ein normales Leben, so wie ihr es jetzt kennt – gar nicht mehr möglich ist. Mit einem Erleuchteten Geist ist alles möglich. Vor ein paar tausend Jahren ward ihr schon mal so weit, aber dann habt ihr euch selbst wieder hinunterkatapultiert. Es gibt immer eine Möglichkeit aus dem herauszukommen, und die letzten Jahrzehnte oder auch Jahrhunderte wurden geistige Wesenheiten beauftragt, die Erde mit den Erdenbewohnern wieder ins Licht zu führen. Und deshalb seid ihr jetzt hier. Es ist die End – Zeit. Die End – Zeit ist zu Ende. Das heißt für euch – es kommt etwas ganz, ganz Neues. Und dieses Neue – die Türe ist schon aufgegangen dafür, nur ihr könnt es noch nicht sehen, ihr könnt es noch nicht fühlen, und ihr könnt es auch noch nicht hören. Jedoch es wird nicht mehr lange dauern, und die Befreiung ist hier. Sie ist schon da, denn von allen Ebenen und von allen Seiten des Universums wird daran gearbeitet, dass die Schwingung des Lichts auf der Erde zunimmt.

Die Massen – Medien zeigen jetzt das letzte Aufbäumen. Es sind alles Meldungen die Angst machen, die euch zu Tode betrüben. Lasst es nicht Zu – lasst diese Meldungen nicht in euer Herz. Bleibt rein, bleibt standfest, und

WISSET WER IHR SEID.

Wisse Mensch – wer du wirklich bist.

Achte Mensch – wer du wirklich bist.

Zeige Mensch – wer du wirklich bist.

Du hast ALLES in deinem Herzen, du hast ALLES in deiner Macht. Es gibt NICHTS, was du nicht TUN kannst. ALLES IST MÖGLICH FÜR DICH!

Die Befreiung der Menschheit bedeutet, der Mensch selbst befreit sich aus dem, was jetzt ist. Menschen steht auf, ihr wisset, wer ihr seid. Ihr habt die Macht, ihr seid göttlich, ihr seid der Schöpfer, und

IHR SCHÖPFT EUCH DIE NEUE, FREIE ERDE.

Die Freie Erde für die Menschen, für die Erwachsenen, für die alten Menschen, für die Kinder. Für eure Kinder – es ist die Zukunft eurer Kinder. Menschen schöpft aus dem Ganzen – schöpft und kreiert euch die Neue WELT, und lasst es nicht zu, dass ihr von Medien und Deep State hinuntergedrückt werdet. Steht auf, schöpft euch die neue Welt, ihr müsst nicht kämpfen, ihr sollt nicht kämpfen. Schöpft euch die Neue Welt mit eurem Neuen Geist.

EUER GEIST IST DER SCHÖPFER FÜR ALLES WAS KOMMT!

Ich liebe Euch

Die Corona Plandemie und das, was folgt

Ja, es ist jetzt eine schwere Zeit für euch. Aber liebe Menschenseelen seid nicht betrübt, der Weg wird sich wandeln. Euer Weg wird ein schöner Weg werden. Nur jetzt, das, was noch geschieht in der nächsten Zeit, ist geplant von Menschen, die nichts Gutes wollen. Aber wie ihr schon wisst, sind alle geistigen Helfer unterwegs zu euch, die galaktische Föderation und viele andere Bewegungen im Universum, die unterwegs zur Erde sind und auch schon viele auf der Erde angekommen sind. Sie sind schon länger unterwegs, aber jetzt ist die Endzeit gekommen, und das, was jetzt geschieht, ist wirklich das letzte aufbäumen dieser Un-Menschen, die (nicht) wissen, was sie tun.

Liebe Seele, ich möchte dir jetzt sagen, du bist Alles. Du bist mächtig, du hast alle Macht der Welt. Gehe in dich, meditiere oder bete, oder gehe in deine Ruhe. Es ist egal was du tust, und wie du es tust – aber tue es. Bewege dich in deinem bewussten Sein nur so, dass du nur Gutes aussendest, nichts Schlechtes für andere willst und du nur Gutes in die Welt verbreitest. Gutes heißt: Positive Informationen, Freude bringende Informationen, Lichtbringende Informationen. Je mehr du, lieber Mensch, lichtbringende Informationen hinaussendest, egal ob du sie sprichst, schreibst oder in deinem wahren Sein weitergibst, als Gedanken. Alles ist wichtig, was du tust, aber gib dem Dunklen keine Macht mehr. Du weißt, du bist der Schöpfer deines Seins, du bist der Schöpfer der Erde und aller Universen, und du weißt, es liegt in deiner Hand wie es weitergeht.

Je mehr Menschen sich das bewusst sind und werden, je mehr Menschen sich der Liebe hingeben, je mehr Menschen sich mit der Liebe und dem Frieden beschäftigen, und es auch tun, hinausgehen und in Frieden die Energie aussenden, umso höher wird die Schwingung auf der Erde.

Dieses UnLicht, diese UnMenschen, haben keine Macht mehr über euch. Ich möchte dir jetzt sagen, die Kritische Masse ist schon erreicht. Das heißt, die Liebe ist schon im Wachsen, ist schon im Größer werden, ja das UnLicht ist schon gekippt. Es bedarf nur noch der „Aufräumarbeiten!"

Dafür sind jetzt Wir zuständig. Wir kommen jetzt zu euch, es ist eine magische Zeit für euch – es ist Weihnachten. Jesus, ich sage es, ist ein Avatar, denn seine Christusenergie schwingt immer noch über die Erde und in die Universen. Er ist ein Avatar, so wie viele andere Avatare aus anderen Religionen, er ist derjenige, der die Menschen vor 2000 Jahren behilflich war, wieder ein Stück näher ins Licht zu kommen. Jeder, der an Jesus geglaubt hat, und auch an Ihn glaubt, an seine Taten, der wusste und weiß, dass Menschen zu allem fähig sind. Das jeder Mensch die Christusenergie in sich trägt.

Der Schöpfer hat deshalb den Avatar Jesus zu uns geschickt, damit er dem Menschen zeigt, dass jeder fähig ist zu solchen Taten. Jeder hat es in seiner Hand. Jeder Mensch kann die Welt verändern. Jeder kann Menschen heilen – jeder Mensch ist fähig dazu.

Nur – die Menschen müssen einfach die seelische Reife bekommen. Und je mehr daran gearbeitet wird, umso schneller wird es sein.

Je mehr wir uns mit dem Negativem und dem UnLicht beschäftigen, je mehr wir uns mit den Statements aus den Medien, die nur Informationen des UnLichts tragen, umso weniger werden wir wachsen.

Je mehr wir uns unserer Stärke und unserem Gefühl bewusst sind, das wir der Schöpfer sind – wir der Schöpfer – der Schöpfer hat uns alles gegeben, alle Information, alles Wissen ist in unseren Zellen abgespeichert. Jeder einzelne hat die Macht. Je schneller wir wachsen, je schneller der Mensch in die nächsten Dimensionen kommt, umso schneller kommt das Licht auf die Erde.

Das Licht und die Liebe kommen auf die Erde und es wird der Himmel auf der Erde.

Ja liebe Menschenseele, diese Plan – demie, die absichtlich geplant wurde von dem UnLicht – es hat nichts mit schwerer Krankheit zu tun. Es sind einfach Existenzen, die in unseren Zellen leben, die seit dem Beginn der Menschheit in den Zellen der Menschen leben und eine Symbiose mit dem Menschen und dem Körper bilden. Wenn das Immunsystem schwächer oder krank ist, dann kommen einfach diese Zellen in Überhand. Dann wehrt sich der Körper mit den eigenen Werkzeugen des Immunsystems, mit Fieber, mit grippeähnlichen Symptomen, mit Husten, mit Schmerzen, damit diese „Mitbewohner", die diese Unpässlichkeit im Körper verursachen, wieder ausgeschieden werden über die natürlichen Ausscheidungsorgane wie Lunge, Niere, Haut und Verdauung. Damit die anderen wieder mit den gesunden Zellen in eine Symbiose gehen können. Macht euch bitte keine Sorgen, es ist eine normale Abwehrreaktion des eigenen Körpers. Hat jemand ein schwaches Immunsystem, so wird er dies stärker spüren, und bei einem starken Immunsystem bringt es lediglich grippeähnliche Symptome. Grippe ist ein Modewort – es ist einfach eine Unpässlichkeit im Körper, wo das Immunsystem reagiert, damit die Zellen wieder in Ordnung kommen. Schlechte Zellen werden ausgeschieden, gesunde Zellen werden produziert. Habt keine Angst, es gibt so viele natürliche Mittel, unterstützt euch in der Zeit der Erkrankung damit, schaut, dass ihr eurem Körper was Gutes tun könnt damit. Habt keine Angst vor der Zukunft. Löst euch von diesem Massenmedienkonsum, geht in die Liebe, geht in eure Herzenskraft, und sendet Liebe zu den anderen Menschen. Umarmt sie im Geiste, umarmt sie im Herzen, und helft ihnen in einer Meditation, in euren Gedanken, helft der Welt in ein stärkeres Licht. Je mehr Menschen das Gleiche tun, je mehr Menschen auf der Erde erwachen, dem UnLicht keine Macht mehr geben, umso schneller wird diese Plan – demie vorbei sein.

Wir geistigen Helfer sind unterwegs zu euch, wir werden euch helfen, ihr werdet sehen, es wird alles gerichtet. Das, was jetzt noch geschehen soll, wird geschehen. Dann kommt das Licht auf die Erde. Die Liebe und das Licht auf der Erde siegen. Es ist Licht auf der Erde. Alle Bewohner der Erde sind Liebe, die Erde selbst – ist reine pure Liebe. Es gibt nichts anderes, als Liebe auf der Erde. Egal, ob

Licht oder UnLicht! Alles ist Liebe. Habt keine Angst, das, was jetzt passiert und da geschieht, ist auch Liebe.

Es ist für die Seelen, die hier diesen Umkehrprozess nicht mehr mitmachen wollen, vorgesehen, dass ihr Lebensplan jetzt hier zu Ende ist. Sie – die Seelen, wollen nicht mehr hierbleiben und gehen wieder „Nach Hause!"

Dies heißt, der Mensch lässt seinen Körper zurück, und die Seele geht heim zum Schöpfer auf die andere Ebene. Es ist jetzt ein natürlicher Ausleseprozess der Menschheit. Egal, ob Erwachsene, alte Menschen, Kinder. Jeder hat seinen Seelen- und Lebensplan selbst gewählt, und viele haben in dieser Zeit einen kurzen Lebensplan gewählt, da einfach die Umstände es mit sich bringen, dass man bei gewissen weltlichen Auswirkungen nicht überlebt. Viele, viele Menschen, die erwacht sind, die mitwachsen wollen, die dazu beitragen, diesen

Umkehrprozess einzuleiten, dass die Zeit der Mächtigen zu Ende geht, die ja schon Jahrtausende anhält, sind hier und werden auch hier bleiben. Sie werden während der Zeit des Umbruchs andere Menschen tatkräftig unterstützen, damit diese auch ins Licht und in die Liebe gehen können.

Wir sind zu euch gekommen, wir haben in euren Köpfen die Energie schon angehoben. Es sind die Erwachten, und viele Menschen sind schon erwacht, sie werden in eine höhere Sphäre kommen, und jene Menschen die gerade dabei sind, aufzuwachen, denen helfen wir. Es wird vieles gelöscht in ihren Hirnarealen, damit sie leichter den Aufstieg erlangen können.

All jene Menschen, die nicht mitgehen wollen, die werden die Erde verlassen. Es ist eine natürliche Auslese, macht euch bitte keine Sorgen, seit es die Menschen und die Erde gegeben hat, war dies immer schon so. Es läuft auch in den Universen so ab. Und auch in diesem Universum auf anderen Planeten läuft es auch so ab.

Wenn ein Mensch stirbt, wenn eine Seele geht – es ist sein Weg, er hat es sich so ausgesucht, bevor er hierher inkarniert ist. Die Seele hat vor der Inkarnation schon gesagt, wann sie wieder von der Erde weggehen wird. Da die Seele in einem menschlichen Körper ist, muss der Körper zu diesem Zeitpunkt auch wieder zu Tode kommen, damit die Seele gehen kann. Die Seele geht wieder, da sie wieder andere Aufträge zu erfüllen hat, auf einer anderen Ebene. Die vielen Menschen, die extra hierhergekommen sind, um diese Wende einzuläuten, um diese neue Zeit zu unterstützen, die jetzt kommt, die werden bleiben, die werden wieder beim Aufbau helfen, sie unterstützen viele Menschen, die mit dem Leid nicht zurechtkommen. Jetzt in dieser Zeit sind sehr viele Seelen hierhergekommen, um dabei zu sein – dabei zu sein im Wandel – für die Liebe.

Jetzt in den nächsten Jahren, ist genau der Zeitpunkt, wo die Endzeit – zu Ende geht – und die Neue Zeit beginnt.

Lieber Leser, sieh es als Chance – als absolute Chance zum Weitergehen. Es wird ein kompletter Umbruch sein, es wird zuerst „schlimm" aussehen, und trotzdem wird man dann erkennen, dies war notwendig,

damit die NEUE ZEIT kommen kann.

Ich liebe euch!

Lieber Leser,

nun erzähle ich dir meine Erfahrungen mit der „künstlich installierten" P(l)an#emi#. Da ich seit 45 Jahren mit Asthma zu tun habe, und jeden Tag ein Spray nehme, damit ich richtig durchatmen kann, wenn ich über Stiegen steige, oder Wandern gehe, einfach, wenn ich schwerere Arbeiten zu erledigen habe, da brauche ich eben diese medizinische Hilfe – immer noch. Jedoch ich hoffe sehr, dass ich eines Tages diese Medikamente nicht mehr nehmen muss, da ich ja jeden Tag daran arbeite, mich von diesem Medikament, welches auch „abhängig machende Substanzen" beinhaltet, los zu sagen.

Ja, wie es so eben ist, irgendwo habe ich mir eine Erkältung eingeholt, und es war eine sehr stressige Zeit, da ich gerade beim Umsiedeln war. Ja ich hatte das große Glück – es ist mir zugefallen – dass ich in ein kleines aber feines Häuschen nahe am See, und mit Blick über den See, einziehen durfte. Ich freute mich schon sehr darauf, jedoch als ich einige Freunde zum Helfen eingeladen habe, und ich war mitten im Siedeln, wurde ich krank. Du kannst dir vorstellen, diese Aufregung – heute kann ja keiner mehr nur normal eine Erkältung haben – nein – es ist ja sofort C#r#na. Ich machte mir um mich keine Sorgen, ich machte mir um meine Helfer Sorgen, denn diese wollte ich ja nicht auch noch gefährden. Diese Gehirnmanipulation, die seit fast 2 Jahren abläuft – ja sie hat auch da mich erreicht.

So habe ich dann einen „Haustest" gemacht – negativ. Ich sagte dies meinen Helfern, und es war für mich sehr anstrengend, da ich nicht gesund war – diese Siedelei.

Nun möchte ich dir sagen, was ich an Naturmitteln genommen habe, um meinen Körper wieder schneller gesunden zu lassen.

Seit ein paar Jahren nehme ich immer wieder, wenn ich merke, der Husten wird mehr und es geht mir nicht so gut – Chlordyoxid – verdünnt mit Wasser ein.

Ich hatte bei Dr. Andreas Kalcker ein Seminar besucht, und es ist das beste natürliche Mittel, um im Körper die gesunden Zellen wieder schnell herzustellen.

Zu dieser Zeit musste ich CDL am Tag 5mal einnehmen und auch nachts bin ich aufgestanden und habe ein Glas Wasser mit CDL getrunken, denn es ging mir gar nicht gut. Ich musste feststellen, dass sich meine Lunge nicht gut anfühlte und ich einen ganz dunklen Auswurf hatte. So benutzte ich jeden Tag CDL und den Healy – ein Frequenztherapiegerät, damit ich von einer Wohnung in die andere umziehen konnte. Ich musste ja Ende des Monats draußen sein, und die alte Wohnung zurückgeben.

Ja, ich wusste insgeheim, das kann jetzt auch C... sein, aber es interessierte mich nicht, ich wollte es nicht wissen, mein Test war negativ, also eine schwere Grippe mit einer Lungenentzündung. Als ich dann fertig war und in meinem Häuslein angekommen bin, dann konnte ich mal 4 Tage gar nichts tun. Wenn ich Chlor Dioxid und kolloidales Silber nicht gehabt hätte, wäre dies ganz anders ausgegangen. Meine Erfahrungen mit diesem Produkt,

44

was die Eliminierung von Viren und Bakterien anbelangt, sind seit Jahren die allerbesten. Ich würde nicht darüber schreiben, wenn es nicht hundertprozentig so wäre, für mich, meinen Körper bei Erkältungssymptomen - das Beste was es gibt.

Ja lieber LeserIn, so gesundete ich mit CDL, dem Healy, CBD - Hanf und kolloidalem Silber. Nach einigen Wochen bin ich zu meinem Arzt gegangen und habe die Antikörper feststellen lassen, ich hatte 720 Antikörper und es wurde bestätigt, dass ich eine Immunität aufweisen kann. Das waren sehr viele Antikörper.

Ich schreibe dies deshalb in dieses Buch, ich möchte allen, die dies lesen, die Angst vor dem Krank sein nehmen, es gibt so wunderbare Mittel, und niemand braucht auch eine Panik zu bekommen, es wird alles gut, wenn du dein Denken richtig anwendest. Es geht um unseren Geist, dem Denken und wem gebe ich die Macht.

Dies ist eine Tatsache, wie es mir ergangen ist mit CDL und ich möchte nicht, dass hier für alle das Gleiche gilt. Es ist meine Wahrheit und mein Wahrnehmen und meine Erfahrung. Für jeden Menschen ist es wichtig, zu wissen, dass nur er für sich verantwortlich ist und er darf auch für sich selbst erkennen, was gut ist und nicht gut ist. Selbstverständlich kann jeder gerne mit seinem Gesundheitsberater oder einem Arzt Rücksprache halten, denn es gibt viele Menschen auf der Erde und kein einziger gleicht dem Anderen. Bei körperlichen Beschwerden bitte immer einen Arzt konsultieren, oder du übernimmst für dich selbst die Verantwortung für dein Sein und deinen Körper. Jeder Mensch ist für sich selbst verantwortlich.

Die Natur zeigt es uns und so möchte ich es nochmals erwähnen, jeder Mensch ist für sich selbst verantwortlich und entscheidet selbst für sich was ihm guttut und was nicht. Achte auf dein Bauchgefühl, gehe in dich und entscheide für dich!

Es ist ein galaktisches Zeitalter – eine galaktische Zeit – und diese Zeit wird noch viel intensiver. Ihr Menschen werdet erfahren was es heißt, hier auf der Erde wirklich die Liebe zu spüren.

Wirklich das Leben in die eigenen Hände zu nehmen, und die Liebe aus dem Herzen heraus zu lieben und zu leben. Es ist die Zeiten – Wende, eine Jahrtausend – Zeitenwende und eine Erneuerung für Alles was ist. Ihr werdet in der nächsten Zeit merken, das Alte wird vergehen und es wird sich alles „umdrehen" und nichts bleibt mehr, wie es war.

Es geht in eine andere Zeit, eine leichtere Zeit, in die Leichtigkeit – in eine Lebensphase aller Menschen und der Erde, die ihr bis jetzt noch nie gekannt habt. Ihr werdet plötzlich erfahren und wissen – ICH BIN DER SCHÖPFER. ICH BIN ALLES – und so wie ich meine Gedanken aussende, so erschaffe ich mir die Realität.

Das wird jetzt schnell gehen, schnell bei vielen, vielen Menschen. Jene Menschen, die diese Frequenz nicht ertragen können, die werden sich von der Erde verabschieden. Es ist so!

Diese hohe Schwingung – dieses neue Zeitalter – hat auch Wege für die Menschen gefunden, die nicht mitgehen wollen. So ist es von der Schöpfung vorgesehen und es ist auch in dem Lebensplan der Menschen schon geschrieben.

Ja es ist jetzt eine ganz besondere Zeit für euch Menschen und – DIE CHRISTUSENERGIE – die wird euch durchfluten.

Jedes einzelne Menschenkind wird sie durchfluten. Heute an diesem besonderen Tag und auch noch sehr lange danach. Ihr alle werdet in einer besonderen Schwingung sein, in einer Schwingung der allumfassenden, göttlichen Liebe und in der Schwingung des Schöpfers. Gott schickt sie euch, ihr übernimmt die Schwingung von Gott, dem Schöpfer. Er will es so – damit die Menschheit „er wacht!"

Ihr dürft erwachen, mit all euren Sinnen und Gaben, die ihr habt, und dies dürft ihr in Zukunft „Sinnvoll" einsetzen. Ihr werdet es sinnvoll einsetzen, denn die Neue Zeit bringt wunderbare Gaben für euch Menschen mit. Ja, diese Gaben werdet ihr erkennen, sobald ihr in dieser hohen Schwingung seid.

Ich freue mich aus tiefsten Herzen so für euch, denn es ist so eine wunderbare Zeit die jetzt kommt für euch.

DIE LIEBE LEBT

Die Liebe ist auf der Erde wieder angekommen, und viele, viele Menschen helfen jetzt mit durch Meditationen, damit diese Liebe die Atmosphäre noch schneller durchdringt und damit jeden einzelnen Menschen erreichen kann.

Habt keine Angst vor der Zukunft – die Energien, die jetzt momentan auf der Erde noch da sind, die werden alle völlig verschwinden. Diese Energien werden weg gehen, und ihr werdet als Mensch ein ganz normales Leben weiterführen, aber mit der Konsequenz, dass ihr wisst, dass jeder Gedanke – DEINE SCHÖPFUNG - ist. Ihr Menschen werdet ganz anders agieren als jetzt, ihr alle werdet das Leben „Lichtvoller" sehen. Ihr werdet das Leben nach Gott ausrichten und ihr werdet das Leben nach der Ganzheit – Vollkommenheit – ausrichten.

Ich freue mich – ES IST VOLLBRACHT!

Heute ist ein Tag, wo nach Jahrtausenden von Machtmissbrauch, diese Zeit zu Ende geht und das NEUE beginnt. Es ist ein magischer Tag, es ist ein Tag für die Neue Zeit. Die Neue Zeit ist die Zeit der Liebe, die Zeit der Herzen und die ENDZEIT ist vorbei.

Die Neue Zeit der Liebe beginnt.

Freut euch des Lebens, freut euch der Liebe und freut euch des Seins hier auf der Erde. Ihr werdet sehen, ihr Menschen werdet noch lange hier auf der Erde bleiben, denn mit diesem Bewusstsein, welches ihr jetzt bekommen werdet, in der nächsten Zeit (Ich kann jetzt die Zeit hier nicht angeben, ihr würdet es nicht verstehen, denn auf der „Nichtirdischen Ebene" gibt es keine Zeit), aber mit diesem anwachsenden Bewusstsein, was in euch wächst, habt ihr auch die Möglichkeit älter zu werden, als ihr heute seid. Ihr wisst es dann ganz genau, euer Körper kann nicht mehr altern, wenn ihr das Gesetz der Schöpfung einhält. Die wahren Menschen, die wirklich erwacht sind, diese richten sich nach dem Gesetz Gottes. Gott der Schöpfer hat die Menschen erschaffen, hat die Planeten erschaffen, hat die Tiere erschaffen und hat auch die Wesenheiten auf anderen Planeten erschaffen. Er wusste ganz genau, was er tat.

Kein Individuum gleicht dem anderen, keine einzige Zelle gleicht einer anderen Zelle, und ihr wisst, das ist die Schöpfung pur. Kein normales Menschengehirn kann dies verstehen und wird da auch mit dem Verstand mitkommen. Niemand – nicht das schnellste und gescheiteste Gehirn – kann erahnen was hinter Gott, dieser Schöpfung steckt.

Lasst es zu, lasst die Liebe zu, lasst die Liebe in eure Herzen und wendet euch vom Dunklen – von negativen Informationen, Nach – richten ab, und hört nur noch auf euer Herz – auf euer Innerstes.

Ihr werdet sehen, die Liebe erwacht. Die allumfassende Liebe fängt an zu fließen und sie wird „ineinander" in euch Menschen fließen. Ihr trefft andere Menschen und eure Liebe fließt ineinander, ihr werdet es spüren, ja ihr werdet es sogar in der Aura sehen, wie die Energieteilchen ineinanderfließen. So werdet ihr alle bewusst durchs Leben gehen, bewusst das Gute aussenden, denn wenn ihr bewusst Gutes aussendet, werden es auch die anderen Menschen tun.

Das Kollektiv ist erreicht – die Liebe ist erwacht – und die Liebe wird auch in den Köpfen der Menschen, die jetzt noch nicht erwacht sind, einkehren. Jeder Tag ist ein magischer Tag – es braucht zwar bei manchen Menschen noch länger, jedoch es ist ein guter Anfang.

Es ist eine Neue Zeit – es ist die Zeit der Liebe – und es ist die Zeit die jetzt beginnt für

DEN HIMMEL AUF ERDEN.

Man spricht schon länger von dem Himmel auf Erden und jetzt wird es Realität.

Die Menschen schaffen sich den Himmel auf Erden und es ist gut so. Sie sind alle glücklich, in Frieden und in höchster Liebe. Sie sind auch in höchster Bereitschaft für Frieden – Liebe – Gerechtigkeit hier auf der Erde, um ein ruhiges, besonnenes Leben zu führen. Ich freue mich sehr, dass ich dir heute diese Nachricht habe übermitteln können, und wir alle hier auf der geistigen Ebene helfen mit, um das Wassermannzeitalter – den höchsten Schatz der Liebe einzuleiten.

Ich liebe dich

Ich freue mich, dass ich wieder sprechen darf, und dir einige Geheimnisse aus den Universen vermitteln darf. Geheimnisse von uns, der weißen Bruderschaft, von dem Universellen – ALLEM WAS IST.

Ihr habt jetzt eine Zeit hinter euch, die sehr turbulent war. Viele Menschen sind durch alle Höhen und Tiefen gegangen, und viele sind aber auch in der Tiefe steckengeblieben. Da möchte ich dir, lieber Leser, wirklich eines sagen. Bleibe nicht auf einem Punkt stehen. Liebe Menschen, seht es mit einem anderen Blickwinkel. Das was noch geschieht und noch geschehen wird und bis jetzt geschehen ist, das musste so sein.

Du siehst es, was zwischenmenschlich passiert, was unter den verschiedenen Menschengruppen passiert und wie sich auch die regierenden Gruppen in der Politik spalten.

Es ist ein absoluter Aufbruch – Zusammenbruch und es wird ein – Engpass. Ein Engpass für viele, die nicht ihren Blickwinkel wechseln, die nicht auf eine andere Ebene gehen und bei ihrer Meinung bleiben, bei der Information aus Medien und Co. mit dem sie monatelang „gefüttert" wurden. In der nächsten Zeit wird dies jedoch für diese Menschen eine große Lernphase sein, für sie und Ihren Körper. Ich möchte dich bitten, bleibe in der Ruhe, sei in der Ruhe und gehe weiter deinen Weg. Dies gilt für alle Menschen, die sich angesprochen fühlen. Lebe in diesem Augenblick und sei fokussiert auf dein Ziel. Wo willst du hin?

Dein Ziel ist der Fokus deiner Gedanken. Wem gibst du die Macht – mit deinen Gedanken, und wem nimmst du die Macht mit deinen Gedanken. Du weißt ganz genau – dort, wo du deine Energie hinlenkst, dort wird sie stärker. Da möchte ich dich nochmals aufmerksam machen, dass es wichtig ist – wo der Fokus liegt. Liegt der Fokus in der Leichtigkeit bei allem was du tust, liegt der Fokus in der Liebe zu allem was ist, liegt der Fokus in der Freundlichkeit im Leben. Oder liegt dein Fokus in der Schwere, Not, in der Krankheit oder in der Kraftlosigkeit.

Du hast nur eine Chance auf dieser Erde. Da wo deine Gedanken hingehen, so wird dein Leben und so ist auch dein Leben und so endet auch dein Leben.

Ich kann dir dazu nichts anderes sagen – es ist so. Es ist vom Schöpfer so gewollt – es ist ein kosmisches Gesetz.

Es ist so und es wird auch immer so sein, für alles und jeden was ist. Die Erde ist ein Planet der Resonanz und der Gesetzmäßigkeiten und die Erde ist extra dafür da, für alle Seelen, die hier inkarnieren, um genau diese Gedanken – Konsequenz zu erlernen. Je näher die Seele dem Geistigen und Gott kommt, und somit höher schwingen anfängt, das heißt, mentaler und spiritueller wird, freier wird in ihrem Sein, umso mehr wird sie den Focus ins Positive richten.

Wie komme ich am schnellsten dorthin? Alle Seelen sind jetzt hier auf der Erde inkarniert, gerade jetzt in dieser Zeit, da in den letzten Jahrzehnten so viel passiert ist, wollen so viele Seelen mit dabei sein.

Sie wollen mit dabei sein beim großen Umbruch der Erde und der Menschheit. Sie waren auch schon einige Leben vorher da, ja sie müssen jetzt sogar mit dabei sein, da sie sehr viel dazu beitragen, damit der Umbruch schneller von statten geht. Die Erde wird schneller in die Liebe und in die höhere Dimension kommen, wenn jetzt viele Seelen mit einem höheren Status hier inkarniert sind, sie können so mithelfen die Schwingung schneller anzuheben.

Diese Seelen schwingen automatisch schon höher und können den Menschen hilfreich unterstützen, damit er leichter in die nächste Stufe kommt.

Auch in den vielen Universen ist es so. Zwischen den Seelen der weißen Bruderschaft und den vielen Wesenheiten, die dem Menschen zur Verfügung gestellt sind, den Schutzengeln – es gibt überall Hierarchien, und jeder hat eine – Seine Aufgabe zu verrichten.

Je besser und je schneller diese Wesenheit die Aufgabe verrichtet auf der anderen Ebene, umso schneller kommt er in der Hierarchie weiter zu Gott.

Es ist auf der anderen Ebene eine Hierarchie und es ist hier auf der Erde das Gesetz der Resonanz, welches immer wieder auf den jeweiligen Menschen, der es aussendet, sprich die Seele zurückfällt. Dies wird und muss der Mensch leben. Es hat immer 2 Seiten hier auf der Erde und deshalb muss es so gelebt werden. Es ist auch in den höheren Sphären, auf den anderen Ebenen wo Wesenheiten Hierarchien durchschreiten gleich. Diese Wesenheiten, sie müssen genauso noch lernen, so wie der Mensch hier auf der Erde.

Schneller und leichter lernt man als inkarnierte Seele in einem menschlichen Körper, da man in der Materie eines Körpers ist. So in dieser Materie alle menschlichen Funktionen wahrnehmen darf, wie Schmerz, Freude, Liebe, Lachen, einfach alles über den Körper spüren darf. Gerade deshalb gibt es so viele Menschen, die jetzt hier auf der Erde sind, um noch weiter zu kommen.

Habt keine Angst, die Erde ist nicht überbevölkert. Man will dir das nur einreden. Es ist immer alles richtig, so wie es ist. Der Schöpfer weiß genau, was er tut. Die Erde ist ein Planet für die Menschen, für die Lebewesen – Tiere – und die Pflanzen. Es gibt genug Nahrung für jeden, und dadurch, dass die Erde jetzt höher schwingt, und sich enorm gereinigt hat und dies auch weiterhin noch tun wird, wird es wunderbare, gesunde Lebensmittel geben. Die Menschen werden auch höher schwingen und so wird den Tieren mehr Chance zum Leben gegeben. So wird der Mensch in der Zukunft sich gesund und pflanzlich ernähren, und zum größten Teil wird er sich vom Licht ernähren.

Vom Licht der Sonne – vom Liebeslicht – vom Lebenslicht für Mensch – Tier und Pflanze. In diese Bewegung geht der Mensch hin, er weiß es nur noch nicht. Der Mensch ist nicht konzipiert dazu, das Fleisch der Tiere zu essen, sondern der Mensch ist konzipiert dazu, dass er sich von Licht ernährt. Licht ist Information und sättigt. Auch isst er Pflanzen, die hier auf der Erde dem Menschen sich zur Verfügung stellen, damit der Mensch sich gesund und kraftvoll ernähren kann. Pflanzen sind wertvolle Lebens – Mittel für jeden lebenden Organismus. Je höher die Erde zu schwingen anfängt, umso weniger wird der Mensch Tiere essen. Die Tiere haben so mehr die Möglichkeit, sich glücklich und zufrieden hier auf der Erde zu bewegen, ohne dass die Menschen über sie herfallen. Tiere sind genauso Lebewesen wie Menschen, ja Tiere haben genau das gleiche Recht, wie Menschen hier auf der Erde zu leben, denn Tiere und Pflanzen bilden mit dem Menschen eine Symbiose. Es ist wichtig, dass der Mensch erkennt, dass die Tiere nicht zum Essen hier auf der Erde sind, sondern die Tiere sind zum Schutz der Menschen da.

Die Erde wandelt sich, die Menschen und auch die Tiere wandeln sich. Liebe Elisabeth, die Zeit ist angebrochen, und du weißt, es ist eine neue Ära angebrochen – das Wassermannzeitalter.

Ihr spürt es Alle. Es ist eine reine, feine Energie und ihr werdet es noch in den nächsten Jahren viel mehr spüren, ja ihr werdet immer mehr als Mensch er – wachen. Noch mehr erwachen. Das heißt, es braucht gewisse Themen hier auf der Erde, damit der Mensch aus seiner Bequemlichkeit herauskommt, und noch mehr „erwacht!"

Es ist noch nicht genug – ihr müsst noch viel mehr erkennen. Es kommen noch einige Situationen auf euch Menschen zu, die euch absolut die Luft zum Atmen nehmen werden. Jedoch, dies ist notwendig, damit auch noch die letzten „Schlafschafe" erwachen dürfen.

Ja, lieber Leser, sei du auf einem Weg, der dir jeden Tag aufs Neue Freude bereitet, wo du immer wieder den Fokus nach vorne richtest, wo du dann immer einen erfüllten Tag und das „every day" lebst. Ja, das ist auch gut so:

JEDER TAG IST EIN NEUER TAG

JEDER TAG IST EIN GESCHENKTER TAG

Ja, ehre jeden Tag der kommt, denn die Tage – jeder einzelne Tag in deinem Leben ist ein wunderbarer Tag. Wenn du morgens den Tag mit diesen Gedanken beginnst, dann wird es ein wunderbarer Tag. Das Leben ist sehr schön hier auf der Erde, lebe dein Leben.

Je mehr der Mensch erwacht, je mehr wird er sich in sein innerstes Speichersystem reinfühlen können, wo alle Informationen der Akasha abgespeichert sind. Ihr werdet merken, wie ihr in Zukunft euer Leben gestalten könnt, mit welchen kleinsten Mitteln ihr leben könnt, und ihr werdet auch merken, dass alles vorhanden ist, was ein Mensch zum glücklich sein und für sein Leben braucht.

Der Mensch wird den Fokus in Zukunft auf sein Innerstes konzentrieren, er wird seinen Fokus bewusst wahrnehmen können, was abgespeichert ist und was in diesem Moment für den Menschen – Dich – richtig ist.

Dies alles wird von der Schöpfung zur Verfügung gestellt, alle Informationen, die in der Akasha – kosmischem Geistfeld – vorhanden sind, alles – was euch dienlich ist, für ein positives – wunderbares – Leben, wenn du den Fokus dorthin richtest.

Natürlich wird euch auch die andere Seite zur Verfügung gestellt. Da, wo ihr euren Fokus hinlenkt – das bekommt ihr. Ihr alle bekommt Zugang in den nächsten Jahren zu eurem tiefsten Unterbewusstsein, zu euren tiefsten Speicherungen, die ihr schon seit ewiger Zeit, seit es euch gibt – mitträgt. Ihr werdet plötzlich Dinge erkennen, wahrnehmen und tun, die ihr jetzt noch nicht für möglich halten könnt. Jetzt zu diesem Zeitpunkt könnt ihr es noch nicht erahnen, was euch alles möglich ist – als Mensch hier auf dieser schönen Erde.

Ja – der Mensch ist Allwissend, Allkönnend, Allmächtig. Das heißt, ihr seid selbst die Schöpfung eures weiteren Seins.

Seht hin – und genießt es!

Wir alle hier – die geistige Welt – die Helfer und viele, viele, die schon lange hier auf der Erde dem Menschen mithelfen – von den verschiedenen Planeten, sind für euch jetzt da, um dem Menschen wirklich die tiefsten Speicherungen des Unterbewusstseins – frei zu geben. Der Mensch, wenn er die Reife dazu hat, wird dann wieder etwas dazu bekommen. Er wird damit lernen umzugehen, bis er wieder für das Nächste bereit ist.

Macht euch bereit – seht euch um – lasst es zu – lebt absolut aus eurem tiefsten Sein!

Denn das ist es, was der Schöpfer gewollt hat – als er den Menschen erschaffen hat. Dieser Planet ist ein Planet des Lebens, ist ein Planet für Menschen und Individuen die hierherkommen, damit sie schnellstens vorankommen. Nur hier auf dem Planeten Erde kommt ihr wirklich am Schnellsten weiter in andere Hierarchien, wenn ihr es erkannt habt und - der Zeitpunkt ist jetzt da.

DIE ENDZEIT IST ZU ENDE

Mit dem 21.12.2020 ist die Zeit der letzten Jahrtausende zu Ende.

Es fängt ein Neues, viel schöneres Zeitalter an, das Wassermannzeitalter – das Zeitalter des Friedens, der Liebe und der allmächtigen Güte des Herrn.

Ich liebe dich

Was steckt hinter den Kämpfen in Amerika, was steckt hinter dem Deep State – was steckt hinter Donald Trump?

Ist er wirklich der Gute – oder ist er der Böse?

Wer möchte für die Menschheit da sein, wer möchte für die Menschen Glück, Gesundheit und Liebe, und wer möchte dies nicht.

Wie wird sich diese Zeit im nächsten halben Jahr entwickeln?

Jetzt haben wir den 10. Jänner 2021, worauf dürfen wir hoffen?

Es ist momentan weltweit ein großes Verwirrspiel. Menschen werden ver – wirrt. Ihr alle werdet noch mehr verwirrt. Dies ist eine Taktik – eine Taktik von Menschen, die eigentlich keine Menschen sind. Dieser Deep State hat schon lange – nach Vorbereitungen – gewartet, so ein Verwirrspiel unter den Menschen und den Nationen anzurichten. Es ist von langer Hand geplant – von vielen Jahren der Planung kommt es jetzt zu einem Ende. Für die Zukunft im Jänner – es wird noch mehr Verwirrung unter die Menschen gebracht und noch mehr Angst heraufbeschworen. Angst, für jene Menschen, die nicht informiert sind, die sich nur nach den Medien halten, aber niemand kann daran im Moment etwas ändern. Außer dass ihr bei euch bleibt und in der Ruhe bleibt. Viele Menschen sind erwacht, viele Menschen wissen, dass dies Geschehen des letzten Jahres – ein Fake ist. Es ist eine große Lüge unter der Menschheit und die Menschen werden von den Machthabern an der Nase herumgeführt.

Auch du weißt es, liebe Elisabeth. Bleibe bei deinem Sein und bleibe bei deinem inneren Wissen, höre auf dein Herz.

Die Wahrheit ist, es wird noch sehr turbulent in der nächsten Zeit zu gehen, aber das kriegt ihr hin. Ihr Menschen bekommt das hin. Es wird weltweit aufgerührt, aufgeweckt, wachgeschüttelt. Durch diese Impfungen werden wirklich noch mehr Menschen wachgeschüttelt, denn diese C – Impfungen werden viele Menschen nicht überleben. Viele Menschen sterben sofort nach einigen Tagen und Wochen, und viele Menschen werden sehr viele körperliche Probleme damit bekommen. Dies rüttelt natürlich die Menge wach, das rüttelt natürlich die Menschen wach.

Es muss diesen Weg beschreiten, damit auch noch das letzte Schlafschaf erwacht. Ihr Menschen müsst merken, dass dies eine Illusion ist. In dieser Illusion werden einige von den Menschen diese Erde verlassen, jetzt auf Grund dieser Impfungen in den nächsten paar Wochen, auch auf Grund von Unruhen von Menschen, die protestieren, wo es Kämpfe gibt. Aber ihr kommt nicht darum herum. Es muss sein. Es wird passieren.

Viele Menschen sind aggressiv, viele Menschen haben eine Wut und wollen diese Wut rauslassen. Es ist ihnen alles egal, sie sind am Limit, ihr Leben ist zerstört, ja deshalb ist ihnen alles egal. Genau diese Menschen gehen jetzt auf die Straße, genau diese Menschen stürmen jetzt weltweit die nächsten politischen Parlamente und Kapitole, nicht nur in Amerika wird gestürmt, auch in Europa wird gestürmt. Es wird jetzt Schlag auf Schlag gehen. Woche für Woche werden Ereignisse eintreten, die ihr von den Medien fast nicht mehr fassen und hören könnt. Die Medien berichten immer noch Fake News. Die Wahrheit sieht ganz anders aus. Jedoch die Wahrheit und die Liebe wird siegen. Die nächste Zeit wird noch sehr anstrengend für alle Menschen werden.

Was ich zu Donald Trump sagen kann ist: Er ist ein Mann der Ehre, er ist der Mann des Lebens und er ist der Mann für die

LIEBE. Er wird von allen Seiten bedrängt, weggedrückt und man will ihn vernichten. Donald Trump hat alle geistigen Wesenheiten, alle Lichtengel hinter sich. Er wird der Mann bleiben, der er jetzt ist, denn niemand kann ihn Schlechtes. Er ist ein Bote des Lichts, und die Lichtkrieger sind zur Stelle, es ist alles gerichtet.

Viele Menschen, die hinter Trump stehen, viele Institutionen haben sich jetzt noch im Hintergrund gehalten. Ja, genau das ist es, was die nächsten Jahre passieren wird, es wird aufgeräumt – so wie Donald Trump es schon fast seit einem Jahr verkündet. Es wird mit dem Deep State aufgeräumt und dabei kommen Dinge und Wahrheiten zu Tage, die selbst du auch nicht fassen kannst, obwohl du schon viel darüber weißt- liebe Elisabeth, selbst du kannst es nicht glauben, dass es solche Untaten überhaupt auf der Erde gibt, und dass Menschen zu so etwas fähig sind. Jedoch es ist jetzt notwendig, um dies alles ans „Tageslicht" zu bringen, damit der letzte Mann und die letzte Frau auch noch erwachen. Und diese Menschen werden wirklich „tief" erwachen, sie werden in so einem Schockzustand sein, dass sie einmal unfähig sind, überhaupt zu reagieren. Dann wird sich das Blatt wenden.

Viele Helfer sind schon zur Stelle, und viele Helfer werden die Menschen geistig unterstützen, dass sie wieder zu ihrem normalen Alltag finden. Denn es wird für viele so ein furchtbarer Schock werden – was jetzt aufgedeckt wird und zu Tage kommt. Genau das wird in diesen Tagen und Wochen noch versucht zu unterdrücken. Es wird sicher noch viele Kämpfe geben, aber diese werden gezielt sein. Es werden gezielte Machtpositionen ausgenützt und gezielt Menschen von der Bildfläche verschwinden.

Menschen, die in Wirklichkeit keine Menschen sind. Menschen, die dem Deep State angehören, man wird sie nie wieder irgendwo sehen – sie sind einfach verschwunden. Die Menschen, die im

Hintergrund all dies inszeniert haben und das Zepter in der Hand haben, die werden von einem Tag auf den Anderen von der Bildfläche verschwinden. Es wird sie nicht mehr geben.

So muss man „den Kopf" zuerst bereinigen, damit es adäquat ist. Und dies wurde schon jahrelang von den Institutionen von Donald Trump vorbereitet. Genau vor diesem „Gericht" haben viele mächtige Leute auf gehobenen Positionen Angst – deshalb bekämpft man jetzt noch Trump – jedoch vergebens. Es wurde alles von langer Hand – jahrzehntelang – geplant, und jetzt schnappt die Falle zu.

Bleib ruhig – bleibe in der Ruhe. Höre dir die Nachrichten an, nicht die Medien im Fernsehen, Facebook und Co., sondern deine eigenen Nachrichten auf alternativen Medien. Versuche mit deinem Herzen zu denken und zu sehen und du wirst erkennen, versuche dir das mit der Liebe anzusehen und zu hören, und du wirst wissen, wer der Gute und wer die Bösen sind. Es ist sehr wichtig, dass dies geschieht.

Wenn du auf die Straße zur Friedensdemonstration gehen möchtest, dann tue es. Schickt den Frieden und die Liebe aus und lasst die Liebe wachsen. Die Liebe siegt. DIE LIEBE IST ALLES, WAS JETZT AUF DER ERDE WACHSEN WIRD. Alles, was nicht Liebe ist, wird von der Erde verschwinden. Ab jetzt findet eine weltweite Reinigung des Deep State statt. Viele Institutionen sind bereit – den Besen zu nehmen und zu kehren. Alles was nicht Liebe ist – hat keine Berechtigung mehr hier auf der Erde, und man wird viele Menschen dem Richter zuführen und sie werden ihre gerechte Strafe erhalten.

WANN HÖRT DAS MIT C….. ENDLICH AUF?

Liebe Elisabeth, ich weiß, es geht euch allen nicht mehr gut. Vielen Menschen geht es überhaupt nicht mehr gut. Und vor allen Dingen, jenen Menschen, die die Existenz verlieren werden und schon verloren haben, die wissen nicht mehr, was sie tun sollen.

Diese Menschen sind sehr am Boden zerstört, und das Kollektiv ist im Moment in einem nicht sehr guten Zustand. Alles was ausgesendet wird und auch was getriggert wird von dem Unlicht, das ist jetzt alles vorhanden. Sehr wenig Lebensfreude, wenig Herzensfreude, wenig Zuversicht...es ist alles weg, es ist nichts mehr da. Ja es ist nur noch die Information der Intrigen, des Niederdrückens, und vieles mehr. Diese Information im Kollektiv ist nicht gut für euch Menschen und es ist nicht gut für diese Zeit. Verzage nicht, verzweifle nicht lieber Leser – es geht weiter. Du weißt, es geht immer weiter, und auch für viele Menschen geht es weiter, jedoch muss ich dir sagen, das dies im Jahr 2021 noch nicht vorbei ist. Es wird noch länger dauern. Der Deep State wird versuchen alles niederzudrücken was es geht, jedoch es wird eine Umkehrwende kommen, denn es wird von vielen anderen Ländern der Erde die Gegenseite kommen. Die Gegenseite – der Gegen Beschuss gegen diese Machtmanipulationen in Deutschland und Österreich, die Politiker werden gezwungen werden, aufzugeben. Sie werden in die Knie gezwungen werden, und danach – glaube mir – kann sich niemand mehr bei euch hier auf der Straße sehen lassen.

Sie müssen sich jetzt schon schützen und abgeschottet sein, und sie haben jetzt schon sehr viele Leibwächter um sie herum, jedoch dann darf sich niemand von denen mehr blicken lassen. Denn die Menschen sind so zornig, es gibt so viele enttäuschte und zornige Menschen, die nichts mehr zu verlieren haben, und wenn sie einen von diesen Politikern erwischen würden, dann Gnade demjenigen Gott. Die Menschen sind am Limit, es ist ihnen egal, sie wissen nicht mehr weiter und es wird noch zu großen Eskalationen kommen.

Drum sage ich euch, bleibt in der Ruhe, geht so wenig wie möglich hinaus, bleib in deiner Kraft und lass dich von negativen Informationen nicht mehr aufhalten. Meide alle öffentlichen Infos und lass dir von niemandem mehr etwas gefallen.

BLEIBE IN DER RUHE UND BLEIBE IN DEINER KRAFT!

Höre auf mit anderen zu diskutieren, bleibe in deinen vier Wänden, gehe in die Natur, mache Sport oder fahre mit dem Fahrrad, mach was dir am besten tut, aber lasse dich mit niemanden mehr auf negative Diskussionen ein.

Diese Gespräche schwächen dich, egal, ob es deine Geschwister sind, deine Freunde oder sonst irgendein Fremder.

Die Menschen haben verschiedene Meinungen, und wer von Anfang an hier mit diesem Un Sinn nicht mitgemacht hat, ist in den Augen dieser Menschen ein „Verschwörungstheoretiker!" Es ist in ihren Köpfen, dass man einfach schon als „Solidarität" den anderen Menschen gegenüber, diese Dinge mitzumachen hat.

So ein Mensch gibt nicht Acht, er ist für solche Menschen nicht solidarisch, auch wenn es deine besten Freunde oder deine Familie sind, sie sehen dich als nicht solidarisch und sie sehen dich als Gefahr. Und das muss dir einleuchten – DU BIST FÜR SIE EINE GEFAHR.

So leid es mir tut, ich muss es dir sagen – HALT DICH VON DIESEN MENSCHEN FERN die dir nicht guttun. Es ist so!

Viele von deinen Familienmitgliedern und Freunden wissen nicht mehr was wahr ist und nicht wahr ist. Zum Teil glauben sie der Regierung, zum Teil sehen sie, was nicht so ist – sie haben Angst, denn sie wissen nicht was Wirklichkeit oder Verschwörung ist. Der Mensch wird so komplett verwirrt, damit er doch noch dem D.ST. folge leistet.

Liebe Elisabeth, du siehst ja wie es dir geht, und es muss ein Ende haben, ja es wird ein Ende haben. Bald wird es ein Ende haben, es geht aufwärts. Das was der D.ST. jetzt mit euch vor hat, wird noch heftig werden. Jedoch die Menschen werden aufstehen, sie lassen es sich nicht mehr gefallen, und es wird eskalieren.

Es wird besser, es wird lichter für alle Menschen hier auf der Erde. Das Licht steigt an und ihr Menschen geht in eine andere Ebene. Freut euch – es kommt eine bessere Zeit. Es kommt eine freudige Zeit, geht in die Natur, liebt die Erde und die Pflanzen, trefft euch mit anderen Gleichgesinnten, glaubt an das Gute, glaubt an die Schöpfung und glaube vor allen Dingen dir selbst.

Glaube an die Liebe, denn die Liebe ist es, die euch zusammenhält. Denn die Liebe ist es – die das Leben Lebens-Wert macht.

GLAUBE – UND ES IST

Namaste

WO GEHT DIE MENSCHHEIT HIN

Liebe Elisabeth, es ist eine sehr turbulente Zeit, für Alle, auch für Dich. Du weißt ja, worum es geht. Du weißt auch, dass dies geschehen darf. Es ist eine neue Zeit, die zu euch kommen wird, und das Alte wird vergehen. Die Menschen sind sich noch nicht klar darüber, was in den nächsten Wochen, Monaten und Jahren noch sich ver ändern wird. Viele glauben immer noch, es bleibt alles beim Alten, und es wird wieder gleich wie früher.

Ich muss dich Elisabeth und alle anderen auch enttäuschen. Ent – täuschen heißt: Es ist JETZT das ENDE DER TÄUSCHUNG! JETZT!

Dies solltet ihr euch Alle im Klaren sein, dass ihr diesen Weg mitgehen dürft. Nicht jeder darf diesen Weg mitgehen, es werden viele den irdischen Weg verlassen, Jedoch die Menschen, die mitgehen dürfen, das ist eine Gnade, dass sie mitkommen dürfen in diese schöne Zeit. Für die ist es das Ende der Täuschung. Es bleibt kein Stein auf dem Anderen: Politisch nicht, Wirtschaftlich nicht, vom Finanzwesen her nicht, von den Menschen her nicht, bei jedem Einzelnen Menschen wird sich Alles verändern.

Dieses Leben, was es bis jetzt gegeben hat, wird es nicht mehr geben.

Jedoch liebe Menschen – habt keine Angst – es wird schöner. Ihr werdet glücklicher sein, ihr werdet fröhlicher sein, ihr habt ein anderes Verständnis für die Erde und für die globale Einheit. Ihr werdet alle in die Zufriedenheit gehen und auch kommen,

ALLE, die weitergehen dürfen, und ihr alle werdet MENSCH SEIN dürfen und Mensch sein.

Denn diese Menschen, die bis jetzt herumgelaufen sind, in den letzten Jahrzehnten, denen wurde ein Leben vorgegaukelt. Du weißt Elisabeth, alles im Leben ist Illusion, es sind verdichtete

Teilchen, die sich in die Materie umwandeln, und so wie Information ausgesendet wird, so ist es auch. Das wurde ziemlich lange manipuliert. Manipuliert von Wesenheiten, ich sage extra Wesenheiten, die über die kosmischen Gesetzmäßigkeiten sehr wohl Bescheid wissen und wussten, und diese Wesenheiten haben nichts mit einem Menschen zu tun. Nichts mit dem Körper was den Menschen ausmacht. Sie sind zwar in einem menschlichen Körper, jedoch sie können stündlich sich verändern, jede Minute, ja jede Sekunde sich verändern. Verändern in Wesenheiten wie sie es möchten. Es ist eine Spezies, die die Weltherrschaft der Erde übernommen hat. Eine Spezies von einem anderen Planeten, einem NICHT LIEBESPLANETEN. Das heißt, dieser Planet ist genauso herrschsüchtig, wie es diese Spezies hier auf der Erde ausführen und die Erde wurde schon vor ziemlich langer Zeit von ihnen eingenommen. Viele Institutionen, alle Regierungen, sind involviert mit allen, sie wissen aber nicht, dass es keine menschlichen Wesen sind. Alle Menschen, die immer alles „ausführen" und anordnen, die wissen nicht, dass sie es mit Wesenheiten zu tun haben, die keine Menschen sind.

Also, man darf sie alle nicht ver – urteilen, denn sie gehen einen Weg wo sie absolut vom Geist und Gehirn her manipuliert sind, und die meisten Menschen davon glauben, sie tun das Richtige. Tagtäglich, schon eine lange Zeit wurde gegenüber uns Menschen Gedankenmanipulation betrieben, eben von den Nichtmenschen, und jetzt, um die Gedankenwelt komplett unter Kontrolle zu bringen, dafür gibt es jetzt die C..##mfung. Deshalb funktioniert es jetzt auch Welt – weit, diese ##pfung so vielen wie möglich schnellstens zu verabreichen, da diese ##pfung abhängig macht und untertan.

Das heißt, alle Menschen, die zur ##pfung gehen, werden vom Geist her vollkommen manipuliert, sie merken nicht mehr, dass sie nicht sie selbst sind, denn MRNA – heißt Massage – das heißt: Informations##pfung. Jeder Mensch der dies hat, bekommt jede Sekunde unbewusst Informationen in seinen Körper, über

Mikrowellen unterschwellig und er merkt nicht, dass er mit diesen Informationen manipuliert wird. Der Mensch wird ein lebender Roboter in Zukunft.

Viele Menschen werden durch dies auch ihr Leben lassen und von dieser Erde gehen, da es so programmiert ist, dass Menschen, die krank sind und Medikamente nehmen müssen, denen es nicht gut geht, die alten Menschen, die behinderten Menschen und die chronisch kranken Menschen, jeder einzelne davon, die sich diesen Stich geben lassen, wird schneller von der Erde gehen als vorgesehen. Schneller denn je, denn solche Menschen will man hier nicht weiterhin haben, diese Nichtmenschen wollen Arbeitsmenschen, sie wollen Menschen, die fügig sind, die gesund sind und die Befehle ausführen können. Alle anderen wie die kranken, behinderten und dummen Menschen, die werden vernichtet.

Kinder impfen – vollkommene gesunde Kinder impfen – heißt für diese Spezies – man kann daraus sehr gute, folgsame Hirten produzieren, diese Kinder sind noch in den Kinderschuhen und mit unterschwelliger Mikrowelleninformation kann man sie heranziehen zu Arbeitstieren, zu intelligenten Robotern, die dann fügig sind für diese Spezies.

Ich kann dir leider nicht mehr sagen, es hört sich an wie wenn es Sciences Fiktion wäre, aber dies ist es nicht.

Es ist auch kein Film, es ist Realität. Diese Welt, die du vorher gekannt hast, wird es schon sehr, sehr bald nicht mehr geben, denn es wird jetzt in den nächsten Monaten viel passieren.

Gott schütze dich, Gott schütze euch alle.

Ich liebe dich!

WIE GEHT ES FÜR DEN MENSCHEN WEITER IM HIER UND IM JETZT?

Liebe Elisabeth, ich danke dir, dass du da bist. Ich danke dir, dass du mich gerufen hast und das du auf meine Worte hörst.

Ich danke dir, dass du diese Worte aufschreibst und ich danke dir, dass du diese Worte den Menschen weitervermittelst.

Menschen wie du sind wichtig im gesamten Zyklus, damit Informationen vom kosmischen Geistfeld – aus der Akasha – aus dir heraus – weitergebracht werden. Jeder Mensch trägt Informationen in sich, viele Informationen.

Du hast die Aufgabe, auf dieser Ebene deine Informationen so raus zu bringen, so Wort wörtlich zu gestalten – und du schreibst sie in ein Buch. Es ist gut, dass du das machst, es werden einige Menschen das Buch für nützlich finden und einige Menschen werden es nicht für nützlich finden. Jedoch es ist nicht relevant, wem dies gefällt oder eben nicht gefällt, es ist wichtig, dass du jetzt weiterschreibst.

Du schreibst viele Dinge, die man jetzt so noch nicht verstehen kann, aber es ist wichtig, die Liebe und die Freude in den Herzen der Menschen wieder zu erwecken. Und mit den Worten, die du durchgesagt bekommst, machst du das. Die Menschen bekommen wieder Freude in die Zukunft, machen wieder Zukunftspläne und sie werden wieder glücklicher. Und das ist dein Ziel. Menschen, die diese Worte lesen, um in Ihnen was zu bewegen, damit sie ihr Herz öffnen und damit sie wieder dem Glück und der Freude und der Glückseligkeit entgegensehen können. Ich liebe dich dafür, Elisabeth, dass du das machst, und ich danke dir aus tiefsten Herzen.

Die Zeit, die jetzt kommen wird für euch liebe Menschen, ihr werdet sehen, es ist ein Weg, den ihr durchgehen dürft, oder auch nicht durchgehen müsst, jeder entscheidet sich für das, was für ihn richtig ist. Ihr alle seid inkarnierte Seelen, und ihr alle habt es euch so ausgesucht, dass ihr gerade zu dieser Zeit zum Weltenumbruch – Weltenwandel, jetzt hier sein dürft. Ihr habt es geschafft, ihr habt es erlebt, ihr seid nicht früher weggegangen von dieser Erde, sondern ihr seid JETZT hier und dürft es JETZT miterleben. Ihr dürft mitgestalten, ihr dürft mittun, um diesen Weltenwandel schneller einzuleiten. Das was jetzt noch passiert ist wirklich – und ich habe es schon öfters gesagt – nicht mehr relevant. Es ist das letzte aufbäumen von gewissen mächtigen Menschen, die glauben, dass wirklich alles so passiert, wie sie es wollen, aber glaube mir, lieber Leser, es ist nicht so. Es dauert noch eine Weile, die Medien werden noch viele Unwahres in eure Köpfe katapultieren, aber es ist nicht mehr relevant.

Eure Köpfe sind ausgerichtet für die Liebe, euer Herz ist ausgerichtet für die Glückseligkeit und für die allumfassende Liebe auf der Erde. Und diese Schwingungsfrequenzen, die in euch jetzt jeden Tag erhöht werden, sind so stark, dass es die Schwingungsfrequenzen den Unlichts übertönen.

Deshalb, macht euch keine Sorgen, ihr habt bis jetzt alles gut gemacht, alles was jetzt noch kommt – es darf so sein. Es haben sich viele Seelen zur Verfügung gestellt, dass sie mit der C…#pfung einverstanden sind, und dass sie das miterleben wollen hier auf der Erde, und so haben sie sich dafür entschieden, diesen Weg zu gehen. Es ist jedem Menschen sein eigener Erkennungsweg. Diese Seelen, die jetzt hier auf der Erde sind und sich für die ##pfung entschieden haben, haben sich auch dafür entschieden, diesen Wachstumsprozess ihrer Seele mitzumachen. Sie wollten dies erleben und es ist für sie richtig so. So wie du deinen Weg gehst Elisabeth, ganz konkret und ganz direkt, nach der Wahrheit deines innersten Herzens, ist es auch für dich der Richtige. Es ist deine Wahrheit und du hast gewählt. Du hast auch eine Aufgabe hier auf der Erde, das weißt du ja, deshalb schreibst du auch diese Zeilen nieder. Informationen sind immer gut für die Menschen, ob sie jetzt ankommen, oder nicht, es ist nicht relevant. Die Informationen - irgendwo im morphogenetischen Feld bleiben sie bestehen, und es ist wichtig, dass sie vorhanden sind. Das diese positiven Informationen vorhanden sind, und dass sie dann eines Tages bei vielen Menschen im kosmischen Bewusstsein hängen bleiben. Alles ist richtig, was jeder dafür in der heutigen Zeit tut, es ist ein Lernprozess für alle Menschen hier auf dieser Erde, und die Erde wird sich reinigen.

Ich sage es dir noch einmal, die Erde lässt sich das nicht mehr gefallen. Es ist das Ende der Zeit. Es ist das Ende der Endzeit, in der Endzeit sind wir schon ein paar Jahrhunderte, jedoch jetzt ist das letzte Aufbäumen des Unlichts. Viele galaktische Brüder aus den Universen sind schon lange hier auf der Erde und rund um die Erde herum und auch in der Erde. Sie haben den Auftrag, diese Endzeit zu Ende zu bringen. Die Erde darf wieder in ihr Christuslicht eintauchen, und die Erde wird gereinigt von dem Unlicht. Das Christuslicht hat die Aufgabe die Herzen der Menschen zu öffnen, und das Licht weit scheinen zu lassen und so wird das Unlicht eliminiert.

Liebe Menschen hier auf der Erde, ich danke euch, dass ihr soweit bereit seid, eurer Herz zu öffnen, und das Christuslicht hinaus leuchten zu lassen – hinaus in alle Universen. Öffnet eure Herzen und schickt die Christusliebe hinaus. Unser Herr, der Schöpfer, hat es so gewollt, dass es so passiert, denn in diesem Moment, wo ihr die Herzöffnung bereit macht, und eurer Christuslicht hinausschickt in die ganze Welt und in die ganzen Universen, verändert sich in diesem Moment enorm viel für die Liebe auf der Erde und für die Liebe zu allen Planeten und Universen. Ich weiß, ich spreche nicht nur die Erde an, sondern spreche im globalen Bereich alle Universen an, denn ihr – oder WIR – ALLE sind alle EINS. Auch ich bin mit euch ALLEN EINS, auf einer Ebene. Jeder Einzelne bekommt die gleiche Schwingungsfrequenz, als auch ein anderer Mensch, der am

Südpol wohnt. Es ist einfach so, wir bestehen alle aus den gleichen Teilchen, und diese Teilchen sind in Bewegung. Denn diese Teilchen, die immer in Bewegung sind, bringen so alle Informationen über ALL hin.

ÜBER ALL HIN – ÜBER ALL hin – das heißt – in ALLE WELTEN.

Ich hoffe, du verstehst mich lieber Leser, aber es ist so. Ihr dürft nicht mehr be-schränkt denken, denkt global, denkt hinaus in die Universen. Alles was du denkst, was du tust, tust du für die ganze Erde, für das ganze Umfeld und für alle Universen. Also schicke das Christuslicht hinaus, umso schneller wird das Unlicht vergehen. Es wird ein Tag sein, irgendwann in nächster Zeit, den Zeitpunkt kann ich nicht feststellen, da wird bei euch der Himmel auf Erden sein. Es wird sich alles verändern. Noch einmal verändern, jedoch es wird sich zum Guten verändern.

Habt keine Angst, ihr wisst, was zu tun ist. Ihr habt alles in euren Herzen. Ihr wisst, was zu tun ist. Es gibt nichts, was man nicht tun kann. Alles ist wichtig in dieser Zeit. Also jeder, der sein Herz öffnet, soll wirklich nach seinem Herzen leben. Denn jeder Mensch hat eine andere Herzensstärke, und eine andere menschliche Stärke, und er soll dies leben, was für ihn das Richtige ist. Nur dann können wir schön langsam dem Himmel auf Erden entgegen gehen. Es ist jetzt noch eine Zeit des Umbruchs, es wird sicher noch einige Jahre dauern, aber das Extreme, was jetzt in dem Moment hier stattfindet, wo der Mensch noch mehr in die Ecke gedrückt wird, lasst es nicht zu.

Steht auf und geht miteinander euren Herzensweg. Der Herzensweg ist absolut entscheidend, um aus diesem Dilemma herauszukommen. Jeder, der aufsteht, und seinen Herzensweg geht, und sich dazu bekennt, ist ein wichtiger Teil vom Ganzen. Bitte, ich sage es noch einmal, steht auf, lebt nach eurem Herzen, achtet auf eure Kinder, lasst es nicht zu, dass sie so deformiert werden vom Unlicht. Eure Kinder sind die nächste Generation, die Kinder sollen erkennen, mein Papa, meine Mami stehen auf und leben ihren Herzensweg im Leben. Und eure Kinder werden das dann in Zukunft auch tun, denn nur so können wir dem Licht entgegen gehen.

Wenn wir uns selbst öffnen für die Liebe, das Herz dafür öffnen und unseren Kindern ein Vor – Bild sind, nur so könnt ihr die Erde ver – ändern. Ja, die ganzen Universen ver – ändern. Jedoch zuerst seid ihr dran, zuerst seid ihr auf der Erde dran. Die Erde wird sich noch reinigen, es wird nicht sehr schön werden, jedoch ihr werdet es alle erkennen, dass dies notwendig ist.

Ihr alle geht in eine wunderbare Zukunft, es dauert noch ein bisschen, aber geht weiter. Geht voran, jeder Tag in eurem Leben in dem ihr eure Herzensliebe lebt, wird besser werden. Es wird jeden Tag besser. Niemand kann euch die allumfassende Liebe in euren Herzen ver-ändern. Niemand, auch mit keinen Gesetzen der Welt – ihr müsst bei euch bleiben.

Bleibt bei euch und eurem Sein, denn dann kann euch niemand mehr verletzen, auch mit keinen Dogmen und Gesetzen.

Ihr schafft das – ICH LIEBE EUCH!

Nun, lieber Leser, möchte ich dir noch darüber berichten, was ich seit den letzten Monaten noch für meinen Körper anwende. Es gibt ein geniales Gerät, mit dem man seinen Dickdarm reinigen kann. Es nennt sich Bauchwellness von STIFL.

Vor ca. 4 Monaten kam eine liebe Freundin zu mir und legte mir einen Zettel auf den Tisch und sagte, hier habe ich was für dich, vielleicht wäre das auch eine Option für dich. Ich sah mir die Info an, und wusste sofort, ja, das ist es für mich.

Da ich schon viele Jahrzehnte immer wieder meinem Körper was Gutes tue und auch deshalb, damit ich noch besser meine Gesundheit erhalte, probiere ich immer wieder neue Dinge aus, die mir dann auch sehr guttun und meinen Körper wieder mehr gesunden lassen.

Ich fing dann damit an, die Informationen darüber zu lesen, und es leuchtete mir so ein, dass ein gesunder Darm das Wichtigste im Leben ist. Ich habe auch immer wieder in den letzten Jahren Einläufe gemacht, um meinem Darm zu reinigen. Der Darm ist unser 1. Gehirn. Im Darm werden alle Informationen gespeichert, das heißt – Emotionen, Erlebnisse, Ängste und alles, was ihr euch vorstellen könnt.

Die Anwendung dieses Gerätes ist sehr einfach. Ich bin immer so froh und gelöst, wenn ich morgens meine Spülungen mache, denn danach habe ich dann richtig Power und Elan und freue mich auf alles Neue was über den Tag geschieht. Meine Figur verbesserte sich sofort innerhalb von 2 Monaten habe ich einige Kilos abgenommen und ich merke, mein Bauch wurde kleiner und weniger. Nach knappe 4 Monaten habe ich in der Mitte bereits 12 cm weniger und alle Hosen sind mir sehr weit geworden. Meine Lunge hat sich wesentlich verbessert, ich merke es, wenn ich spazieren gehe und mehr Ausdauer habe.

Was ich besonders stark wahrnehme, mein Geist ist klarer und intensiver geworden. Das ist einfach schon meine Feinfühligkeit, die ich ja schon Jahrzehnte in mir trage, und die jetzt noch „heller" wird. So kann ich dir lieber Leser sagen, es war mir ein Anliegen, dir diese Information des Bauchwellness zukommen zu lassen, denn mir tut es sehr gut.

Da ich Essenzen produziere, habe ich auch Tropfen dafür produziert, diese Tropfen heißen KRISTALL und sind für das Wellnesswasser super geeignet, sie enthalten die Information der vollkommenen Reinigung von allem - was in den Darm nicht hineingehört.

Am Ende dieses Buches schreibe ich die Webseiten dazu, wo du dir das ansehen kannst.

Im Anschluss eine Kopie aus den Unterlagen von STIFL Bauchwellness!

Die vielen Speicherungen von unbewussten Blockaden, die sich im Darm widerspiegeln.

Eine Information aus einem Buch von Diethard Stelzl.

Speicherung von Matrixprogrammen im Darmbereich

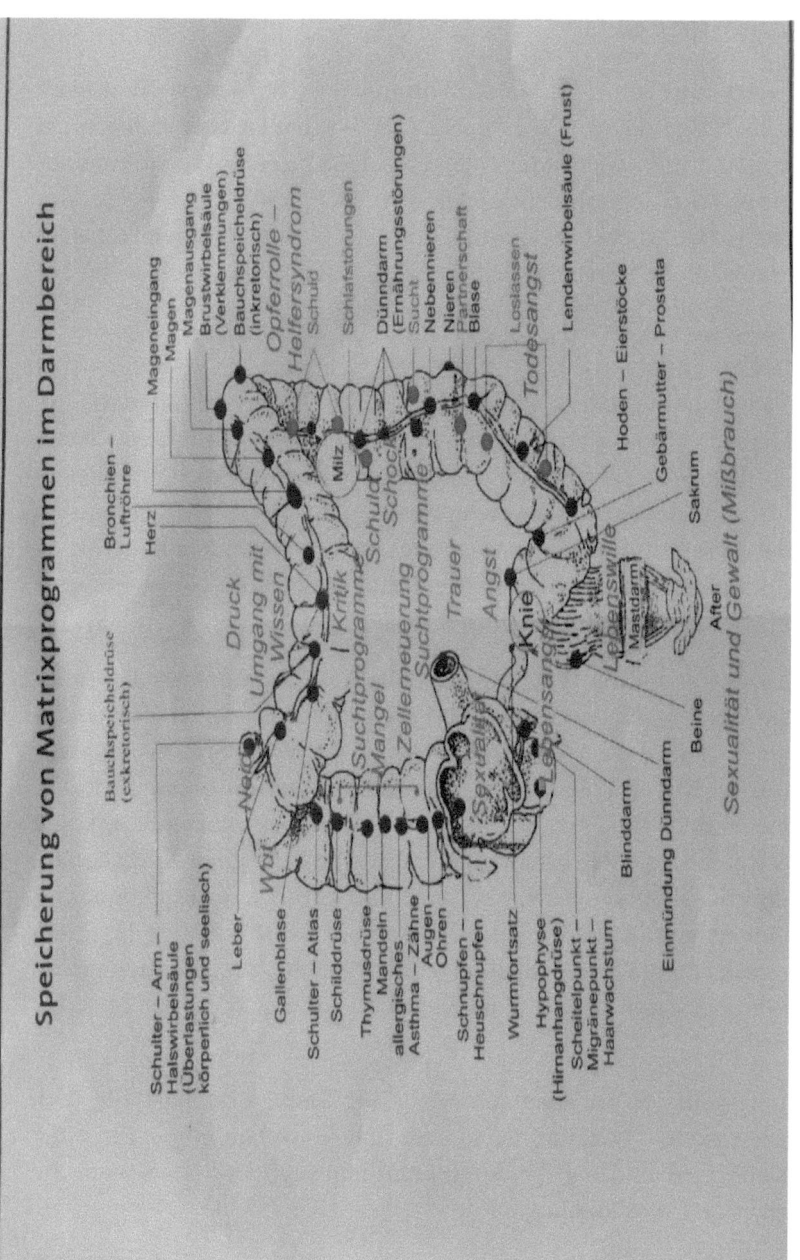

Schulter – Arm –
Halswirbelsäule
(Überlastungen
körperlich und seelisch)

Bauchspeicheldrüse
(exkretorisch)

Bronchien –
Luftröhre

Herz

Leber

Gallenblase

Schulter – Atlas

Schilddrüse

Thymusdrüse
Mandein
allergisches
Asthma – Zähne
Augen
Ohren

Schnupfen –
Heuschnupfen

Wurmfortsatz

Hypophyse
(Hirnanhangdrüse)

Scheitelpunkt –
Migränepunkt –
Haarwachstum

Blinddarm

Einmündung Dünndarm

Beine

After

Mastdarm

Sakrum

Gebärmutter – Prostata

Hoden – Eierstöcke

Lendenwirbelsäule (Frust)

Blase
Partnerschaft
Nieren
Nebennieren
Sucht
Dünndarm
(Ernährungsstörungen)

Schlafstörungen

Schuld
Helfersyndrom
Opferrolle –
Bauchspeicheldrüse
(inkretorisch)
Brustwirbelsäule
(Verklemmungen)
Magenausgang
Magen
Mageneingang

Milz

Neid
Wut
Druck
Umgang mit
Wissen
Kritik
Suchtprogramm
Mangel
Zellerneuerung
Suchtprogramm
Schuld
Schock
Trauer
Angst
Knie
Sexualität
Lebensangst
Lebenswille
Losiassen
Todesangst

Sexualität und Gewalt (Mißbrauch)

75

##PFUNGEN

Liebe Elisabeth, die Verantwortung liegt bei jedem Menschen selber, und das weißt du auch. Die ##pfungen sind sicher nicht ungefährlich, aber jeder Mensch – jede Seele – die sich darauf einlässt – ich spreche jetzt von der jeweiligen Seele des Menschen, diese Seele weiß, was sie in dem Moment tut. Der menschliche Verstand weiß es nicht, jedoch seine Seele weiß, auf was sie sich in dem Moment einlässt.

Bitte nimm es dir nicht so zu Herzen, wenn sich Familienmitglieder von dir schon ge##pft haben, es ist nicht gut. Denn das, was noch kommen wird in den nächsten Jahren – wenn du dir das zu sehr zu Herzen nimmst – ist es für dich und deinen irdischen Auftrag so zu akzeptieren, denn alle Seelen haben sich das schon vorher so ausgemacht, bevor sie hier auf der Erde inkarniert sind. Lass diese Menschen ihren Weg gehen, siehe es als Seelenerweiterung für dich.

Sie werden ihren Weg gehen, denn diese Seelen wissen, worauf sie sich eingelassen haben und sie wollen diesen Weg gehen, ja sie müssen diesen Weg gehen. Es ist der Weg ihres Seelenplans und es ist der Weg ihres Lebensplanes hier auf dieser Erde. Ja, sie werden ihn gehen, egal wie es ausgeht. Mach dir keine Sorgen, freue dich über deine Familie und vor allen Dingen, dass du mit ihnen guten Kontakt hast und genieße jede Sekunde mit deiner Familie die du genießen kannst. Es ist wichtig, dass man sich nicht zu viele Gedanken darüber macht, was kommen würde oder passieren wird – jeder Mensch geht den Weg, den er selbst wählt.

Ich weiß, es ist sehr schwierig für dich – du hast für dich entschieden. Für dich ist es eine gute Entscheidung – es ist die richtige Wahl, und für deine Familienmitglieder ist es auch die richtige Entscheidung.

Jeder Mensch hat einen eigenen Blickwinkel, und jeder Mensch versucht für sich das Beste zu tun. Ob das jetzt richtig ist oder falsch – ob deines jetzt richtig ist oder falsch – das wird jetzt nicht gefragt. Es ist alles richtig so wie es ist. Es gibt nichts Falsches – die Menschen gehen den Weg des Lebensplanes. Jeder Mensch hat einen eigenen Plan und deine Familienmitglieder gehen eben diesen Weg.

Du gehst einen anderen Weg – du entscheidest für dich immer richtig – denn es ist in deinem Lebensplan so vorgesehen. Ich sage dir jetzt als deine Seele, als dein Inneres Ich – dein Weg, den du entscheidest aus dem tiefsten Herzen heraus, der ist für dich der Richtige.

Den Weg, den deine Familie entschieden hat, den haben sie auch aus dem Herzen heraus entschieden, und es ist für sie der Richtige, für sie ist es genau das, was sie jetzt wollten.

Es ist gleich wie bei dir, mach dir keine Sorgen, jeder geht den Weg, den er gehen muss. Auch du, lieber Leser, achte auf deine Gedanken, gehe in die Liebe, gehe in die Freude und schicke deinen Familienmitgliedern freundliche Gedanken, liebevolle Gedanken, herzliche Gedanken, das du sie liebst.

Hülle sie ein in Licht und Liebe. Mach dir keine Sorgen um sie, es ist ihr Weg. Welchen Weg sie auch jetzt gehen, das ist ihre Geschichte.

Es kann alles super sein, es muss gar nichts passieren – du weißt auch nicht was morgen noch ist – es ist nicht nur die ##pfung, es ist das ganze drum herum was hier auf der Erde alles abläuft. Kein Mensch ist davor bewahrt, von heute auf Morgen tot umzufallen. Niemand von Euch ist gefeit davor. Dies kann jeden passieren. Die Welt wird so mit künstlichen Stoffen, Mikrowellen und Metallteilchen verunreinigt, jeden Tag sterben alleine deshalb viele Menschen und Tiere. Von dem will niemand was wissen, und es passiert doch jede Sekunde und Minute.

Gerade jetzt ist es an der Zeit, dass der Mensch darüber nachdenkt, was hier passiert. Menschen, die so denken wie du, die denken bewusster, die denken weiter. Menschen, die noch nicht weiterdenken, die können nichts dafür, da sie das Bewusstsein noch nicht haben, jedoch für sie ist es der richtige Weg, den sie gehen.

Also mach dir keine Sorgen, lebe dein Leben, liebe dich und freue dich deines Lebens im Hier und im Jetzt.

Denn

ALLES IST RICHTIG

da

ALLES IST

Heute möchte ich dir nun zum Abschluss eine neue Heilungsmethode vorstellen, ich selbst benutze dieses Gerät schon fast ein Jahr, und es bringt mir und meinem Wohle sehr viel. Ich benutze es jeden Tag, so wie ich meine Essenzen jeden Tag anwende – da ich über die Heilung der freien Energie, die jeder nutzen kann über seinen Geist – viel Erfahrung habe. Es ist alles möglich. Ein Gerät mit einigen Hunderttausend Informationen für Gesundheit und Heilung – die darin über Frequenzen gesteuert sind und der Körper sucht sich über das kosmische Geistfeld – morphogenetische Feld oder Akasha, selbst die Frequenzen heraus, die ihm in seinem Energiefeld nützlich sind. Ja es gibt mittlerweile schon viele Quantenheilungsgeräte am Markt, ich spreche jetzt über den Healy, da ich ihn selbst anwende und es ein sehr gutes Gerät für Familien und zu Hause sein kann. Bevor ich ihn bestellt habe, habe ich mich bei meinem Geistigen Führer erkundigt, ob es was ist für die Menschen, und ob auch ehrliche Absichten dahinterstehen. Ich habe von ihm sehr schöne Antworten bekommen, deshalb schreibe ich sie dir jetzt hier nieder und du kannst diese Information lesen.

Ich muss dazu sagen, dies sind Aussagen aus mir heraus, es ist meine Wahrheit, und es werden damit auch keine Heilaussagen getätigt, es ist rein eine Information.

26.11.2020

Liebe Elisabeth – deine Intuition ist richtig. Du hast es gut erkannt beim Healy. Und die 144.000 bedeutet –

DIE MENSCHEN WERDEN ERWACHEN.

Die Menschen gehen ins Licht – viel schneller, als man es erwartet hat. Der Healy ist für euch Menschen ein Werkzeug, damit ihr schneller weiterkommt, schneller lichtvolle Erfahrungen macht. Und die Erde kommt in eine andere Dimension wie ihr Menschen auch.

Die geistige Welt – die Spezialisten, die dafür zuständig sind, haben dafür gesorgt, dass es mit so einem kleinen, praktischen Gerät – für jedem Mann – jede Frau – jedem Kind – für Tiere und Pflanzen möglich ist, so auf schnellstem Wege in die höhere Dimension mit hinein zu wachsen. Die Schwingungsebene, die dieser kleine Freund der Menschen erreicht, ist auf so minimalsten Frequenzen angehoben, dass es für die Menschen nicht spürbar ist – jedoch für das allumfassende Sein sehr schnell geht, dass die Materie, der Geist, die emotionale Ebene, die Aura sofort mitwächst und schnellstens einen Anstieg bekommt.

Es ist wichtig, dass es in dieser Form geschieht, dadurch kann es sehr schnell gehen, und ja – die Menschen, die das produzieren und diese Firma, die dahinterstehen – ja es ist wichtig, und sie wissen es – es wird bald weltweit in den Familien Einzug halten. Damit wird „das Licht der Welt" angehoben und umso schneller wird der Himmel auf Erden sein. Viele Therapeuten, viele Ärzte – viele Krankenanstalten sind in der Zukunft dann überflüssig, denn es wird diese Krankheiten so nicht mehr geben – wie es sie jetzt gibt. Der Healy hebt Frequenzen in euren Körpern und im Geist an – die dem Universum gleich – ge – stellt sind. So kommt der Mensch in eine Frequenz hinein, die er sich ohne Healy nicht mehr vorstellen kann.

Der Mensch braucht den Healy, denn die Selbstheilungskräfte werden tagtäglich aktiviert, wenn er ihn immer wieder anwendet. Es ist gut, (jeden Tag, bei Beschwerden oder einmal in der

Woche) den Healy anzuwenden. Jedoch einmal angewendet reicht schon, damit das ganze Zellsystem aktiviert wird und in eine höhere Schwingung angehoben wird. Therapieform mit Therapeuten – so wie es viele nutzen in einem Studio, ist eine wunderbare Ergänzung zum ganzen Heilerfolg mit therapeutischem Gespräch und dem Healy. Menschen brauchen nicht so oft kommen – nach einigen Behandlungen – merken sie absolut große Unterschiede und natürlich in der Zelle ist die Frequenz der Gesundheit – der Selbstheilung – die Frequenz einer gesunden Zelle abgespeichert – und so arbeitet die Zelle auch jeden Tag ohne Healy weiter – hin zum gesunden Körper.

Das heißt, wenn man einmal ein Programm durchmacht, wird die Zelle jeden Tag aufs Neue daran an die Frequenz des Programmes erinnert, und sie arbeitet automatisch auf eine gesunde Frequenz hin – da sie es sich ja gemerkt hat. Es ist gut – bei chronischen und akuten Beschwerden – es öfters anzuwenden – aber auch bei einmal oder zweimal erzielt man schon den Lauf einer Gesundung. So geht's ein bisschen langsamer – jedoch der Mensch gesundet.

Er gesundet von Woche zu Woche, und alles was der Healy abgecheckt und therapiert hat, wird automatisch in der darauffolgenden Zeit weiter therapiert. Normalerweise ist es genug, wenn du ein Programm einmal durchmachst, und das Programm läuft im Körper immer automatisch ab.

Die Zelle aktiviert sich immer selber – tagtäglich – sie hat sich das gesunde Programm gemerkt und ist auf Gesundheit eingestellt.

Das ist das wunderbare an dem Healy, dass es jeder Mensch, jedes Tier, jede Pflanze anwenden kann und es hat eine wunderbare Wirkung. Es hat die Wirkung des Schöpfers, es hat die Wirkung des Schöpfungskreises, und so wie du es schon erkannt hast, die 144000 sind absolut in Zusammenhang zu bringen mit der Schöpfungspyramide – mit den Pyramidenteilchen. Viele Menschen kennen es auf eine andere Art und Weise – es ist alles richtig.

Die 144.000 ist eine Zahl, die genannt wurde, damit die „Eingeweihten", die „Erwachten", die jetzt alle auf der Erde sind, und auch die Menschen, die jetzt noch nicht erwacht sind, dies im Unterbewusstsein als Speicherung abrufen können und erkennen, und so automatisch zu dem Healy kommen. Und dadurch wird bei jedem Menschen wieder alles aktiviert – der Seelen- und Lebensplan – warum sie eigentlich hier auf die Erde gekommen sind. Es ist von uns – den geistigen Helfern – so gewollt, dass diese Geräte produziert werden, und es ist von uns schon lange so gewollt, dass die Menschheit „weiter geht!"

Mit diesem „einmaligen" Werkzeug wird sich JAHR FÜR JAHR, TAG FÜR TAG – immer mehr die Energie und die Schwingungsebene anheben, und selbst Menschen, die jetzt dem „Deep State" angehören, die werden genauso regeneriert und die Zelle wird angehoben, wie bei jedem anderen Menschen. Es sind alle gleich – es passiert alles auf gleicher Ebene, es entsteht eine Gleich – Heit auf der Erde und eine Gleich – Heit zwischen den Menschen.

Der Healy bringt es in Bewegung und aktiviert es, und der Healy ist zurzeit das Instrument, was von der galaktischen Föderation zur Verfügung gestellt wird, um die Menschen, und wirklich JEDEN MENSCHEN – es wird kein Unterschied gemacht – durch diese Evolution in die nächste Stufe zu heben. In die vierte und fünfte Dimension.

Es kommt zu einem guten Weg für viele, viele Menschen. Die galaktische Föderation arbeitet schon sehr lange im Außen an der CORONA der Erde, und jetzt – dieses wunderbare Gerät – der Healy – arbeitet an der CORONA des Menschen. Es ist so vorgesehen, es ist der göttliche Weg – es ist der Schöpfungsweg. Die Informationen, die in diesem Healy stecken, die sind ehrlich – sie sind gut, und sie bringen dem Menschen körperlich in ein absolutes gesundes System wo er dann Glückseligkeit – Freude – Lebensfreude ausstrahlt, Angstfreiheit, Frieden und Liebe, Barmherzigkeit und gegenseitiges Miteinander auszustrahlen anfängt, und mit Leichtigkeit durchs Leben geht. Dadurch bekommt er ganz eine andere Schwingung, er bekommt eine höhere Schwingung – es ist wichtig, dass viele Menschen erreicht werden.

Und gerade mit diesem Gerät, kann man so viele verschiedene Menschen erreichen – egal welche unterschiedliche Auffassung in Bezug auf Gesundheit sie haben, du erreichst damit sehr viele Menschen mehr, die du sonst mit deiner normalen Energiearbeit nie erreichen würdest. Genau das ist von der galaktischen Föderation und von den Geistführern so gewollt, dass es ein unterstützendes Produkt für die Therapeuten gibt, wo man nicht so viel eigenen Energieaufwand hat und doch dem Menschen so unterstützen kann und auf ganzheitlicher Ebene so viel tun kann damit. Während der Therapie mit dem Healy reden sich die Menschen bei dem Therapeuten aus, man kommt ins Gespräch und der Therapeut kann gleichzeitig auf seelisch – geistiger Arbeit auch noch Blockaden finden und lösen. Der Klient steht dann auf und geht mit einem glückseligen Gefühl oder auch schmerzfrei nach Hause.

Es ist das Beste – was jemals hier auf der Erde erschaffen wurde, und in Umlauf kommt, und wir alle auf der geistigen Ebene stehen hinter dem, denn es wird jetzt dringend gebraucht um die ganze Menschheit und auch die Erde energetisch anzuheben und in das Licht zu führen.

Elisa©

Ja, lieber Leser, diese Information durfte ich niederschreiben und ich glaube, dass ab dem nächsten Jahr die Heilung der Frequenztherapien immer mehr werden. Denn mit freier Energie, die vorhanden ist, mit der richtigen Information, wird das Unlicht nicht weiter agieren können. Es ist Heilung angesagt für die Menschen, die Erde und ihre ganzen Lebewesen, ja auch für alle Universen.

Heilung liegt in dir selbst, mit der richtigen Information, die du dir jeden Tag gibst. Viele Informationen kannst auch du dir selber geben, mit dem richtigen Denken und Fühlen. Immer wieder bei meinen Meditationen gehe ich meinen Körper durch, und gib meinen Zellen positive Informationen, denn die Zellen hören und verstehen dich, wie du denkst, so ist und wird es.

Lieber LeserIn, es sind meine eigenen Erfahrungen von den Produkten, die ich für meine Gesundheit anwende, wie CDL, Bauchwellness, HEAlY, und der HANF. Dies sind keine Heilaussagen für irgendjemanden, sondern ausschließlich meiner eigenen Erfahrungen. Ich übernehme keine Haftung für eventuelle unsachgemäße Handhabung der von mir bereitgestellten Informationen. Jeder Mensch ist eine eigene Wesenheit und jeder weiß selbst, was für ihn gut ist oder nicht.

Eine Haftung der Autorin bzw. des Verlages für Personen- Sach- und Vermögensschäden ist hier ausgeschlossen.

DENN DIE LIEBE IST ES...

Liebe Elisabeth, wir sagen dir, in den nächsten Tagen wird es turbulent. Du wirst es erkennen, und du wirst es sehen, denn die Zeit ist nicht mehr das, was sie ist. Der Tag ist schnell vorbei, und die Nacht dauert länger. Es ist eine komplette Umwandlung im Gange und ihr werdet in den nächsten Tagen und Wochen sehr gerüttelt und geschüttelt.

Habt keine Angst, es ist so vorgesehen und es muss so sein. Alles, was geschieht, geschieht zum Besten für die Menschen und zum Besten für die Erde und für das Universum. Bleibt in der Ruhe, bleibt in eurer Kraft und lasst es geschehen.

Es ist die Liebe, die am Ende auf euch wartet. Die Liebe zu allen Menschen, zu deinen Liebsten und die Liebe zu den Tieren und allen Lebewesen. Jedoch, was jetzt in den nächsten Tagen und Wochen auf euch zukommt, wird große Gräben graben, und ihr Menschen werdet verstehen, dass dies, was ihr bis jetzt gelebt habt, nicht die Wahrheit ist. Nicht die Wahrheit für den Kosmos, nicht die Wahrheit für dich – für den Menschen – und nicht die Wahrheit für das allumfassende Sein. Ihr Alle, ihr Menschen werdet es merken, euer Geist wird erwachen und euer Sein wird ein Anderes. Lasst es zu, bleibt in der Ruhe und in eurer Kraft.

Es ist die Liebe, die sich zur Erde hinbewegt und es kann schon sein, dass es sich manches Mal auch hier mit Pauken und Trompeten zeigt.

Die Liebe ist Alles, Alles was ist und es geschieht alles zu eurem Besten. Das Leben hier auf der Erde, hat für euch Menschen einen tiefen Sinn. Ihr alle werdet es jetzt in dieser Zeit erkennen und ihr werdet einen großen AHA Effekt haben. Ich liebe euch Menschen aus ganzem Herzen und ich bin so glücklich darüber, dass ich dir das erzählen darf und das jetzt die Zeit gekommen ist, um die Zeitenwende einzuleiten. Sie ist schon lange im Gange, jedoch für euch Menschen wird sie jetzt kompakt und kommt jetzt zum Höhepunkt. Ich liebe euch Menschen und viele werden dies alles gut überstehen.

Jedoch die Menschen, die es bei der Inkarnation anders gewählt haben, die werden mit diesem Umbruch weggehen von dieser Erde. Es sind viele Menschen, die weggehen werden, jedoch diese haben es sich so in ihrem Lebensplan „gewünscht".

Diese Seelen gehen weg und sie kommen wieder als erleuchtete Lichtkinder, wenn die Erde gereinigt und gesäubert ist. Ja gerade diese Seelen, die jetzt weggehen – sie kommen als Engel auf Erden wieder zurück auf diese Erde.

Viele, die hierbleiben werden, ihr werdet es bemerken und auch sehen, dass eine ganz andere Zeit begonnen hat. Das dauert jetzt eine gewisse Zeit, vielleicht ein paar Jahre, jedoch der Umbruch findet jetzt statt.

Jetzt in diesem Moment – JETZT!

Seid auf der Hut, gebt Acht – bleibt bei euch, bleibt in eurem Sein, bleibt in der Liebe und liebt ALLE MENSCHEN, die auf euch zukommen. In eurem Umfeld und in eurem Sein, es ist die Liebe die jetzt wächst.

Und je mehr Liebe hier auf der Erde wächst umso mehr Licht wird die Erde durchfluten. Die Erde wird sich reinigen und es ist eine glückliche Zeit, die auf euch zukommt.

Namaste

ICH LIEBE DICH

SERAFINA SPRICHT:

Liebe Elisabeth,

ich bin jetzt hier, ich deine Seele Serafina und es sind auch noch andere Wesenheiten hier, die auch sprechen werden mit dir. Wir kommunizieren immer öfter miteinander und das ist gut so. Verliere den Kontakt nicht zu deinem innersten Sein, zu mir – deiner Seele Serafina – und du wirst durch das Leben getragen.

Ich weiß, es ist für euch alle jetzt schrecklich, wie es nach außen hin scheint, jedoch ihr dürft da keine Energie hineingeben. Lasst es sein, lasst es gehen, es sind Optionen. Jeder Mensch hat eine Option. Bleib bei dir, bleibt bei euch. Ihr musst immer wissen und fühlen, was tut mir gut und was tut mir nicht gut. Was ist für mich richtig und was ist für mich ok, dass ich für mich jetzt tue und mit mir machen lasse.

Ihr müsst bei eurem Sein bleiben. Ich sage es euch noch einmal.

Ihr seid die Schöpfung!

Ihr seid ein Mensch, ihr seid ein Individuum, eine Wesenheit, die alles in sich trägt. Ihr Menschen könnt es richten, nur ihr, wenn ihr bei eurem Sein bleibt. Es ist wichtig, dass immer mehr Menschen stark werden, aufstehen, sich erden. Es ist wichtig, sich jeden Tag zu erden mit dem inneren der Erde. Die Erde braucht euch – verwurzelt euch mit dem Erdinnern. Je mehr ihr mit der Mutter Erde verbunden seid und mit ihr verwurzelt seid, umso mehr werdet ihr bei Euch sein.

Die Erde ist ein Individuum, ein Lebewesen und sie braucht euch Menschen, so wie ihr Menschen auch die Erde braucht. Ihr könnt ohne Erde nicht leben. Denn die Erde stellt sich zur Verfügung um mit euch in einer Symbiose zu leben. Helft ihr der Erde, so hilft die Erde euch. Hilft die Erde euch, so helft ihr auch wieder der Erde. Ihr seid im Einklang mit der Erde, also bleibt bei euch, bleibt bei eurem Sein.

Seid standhaft, alles was euch im Außen umhüllt – es ist eine Illusion, das Unlicht versucht euch über die Medien so in die Enge zu treiben, damit ihr glaubt, es ist real. Nein, es ist keine Realität, bleibt bei euch.

Es sind schon so viele Menschen mit ihrer Meinung umgefallen, jedoch, ihr wenigen, die ihr noch seid – bleibt bei euch und bleibt stark. Ihr seid hier, um die Erde zu unterstützen. Je mehr Menschen umfallen, umso weniger kann diese Erde sich erneuern und regulieren. Ihr müsst bei euch bleiben. Die Erde als Lebewesen wartet auf euch. Es ist wichtig, dass ihr nicht eine andere Meinung bekommt und dem Unlicht klein beigebt. Es geht ums Überleben. Viele werden gehen von dieser Erde. Die haben sich schon entschieden.

Aber ihr, die ihr noch standhaft seid, die Unterstützung von außen ist schon unterwegs. Ihr braucht keine Angst zu haben.

ACHACHIEL

spricht jetzt zu mir:

Liebe Elisabeth, ich möchte dir sagen, dass im Universum jede Menge los ist. Hab keine Angst – dies möchte ich auch den Lesern, die das hier lesen – mitteilen. Habt keine Angst, die Zeit ist im Aufbruch, die Zeit ist im Umbruch, und die Liebe wird wachsen.

Viele, viele Sternengeschwister sind unterwegs auf die Erde, ihr seht sie nicht, weil ihr sie nicht sehen könnt. Diese Sternengeschwister sind außerhalb des Erdmagnetfeldes unterwegs, dies hat mit dem Magnetismus aus dem inneren der Erde zu tun, das Erdmagnetfeld ist in der dreidimensionalen Ebene wichtig für euch Menschen, damit ihr so leben könnt, wie ihr es jetzt tut. Die Anziehungskraft dieses Feldes hält alles am Boden der Erde. Es sind auch noch viele Bewohner von anderen

Sternen schon unterwegs, und sind schon sehr achtsam im außen, sie achten auf die Bewegungen, jedoch diese Zeit, die jetzt ist, die muss sein. Es hätte sich nichts verändert. Die Erde hätte sich nicht verändern können, mit diesem Bewusstsein der Menschheit. Dem Menschen muss klar werden, allen – einschließlich der Erde, dass ihr ALLE, in eine höhere Evolution aufsteigt. Wäre diese Zeit jetzt nicht passiert, dann könnte die Erde nicht „aufsteigen", sondern wäre irgendwann zerbersten, denn die Erde würde sich selbst zerstören, wenn dies so weiter gegangen wäre.

So werden Menschen „geopfert", viele werden von dieser Erde weggehen, da sie es hier auf der Erde nicht anders „gewusst" haben, und wenn man es von der „Kosmischen Ebene" und von der Seelenebene her ansieht, hat sich jede einzelne Seele – sprich menschliche Wesenheit – diesen Weg gewählt. Es ist jetzt sehr schwer zu verstehen, es ist sehr schmerzhaft für die Hinterbliebenen, jedoch der Seelenauftrag von diesen Menschen ist es, dass sie hierher auf die Erde inkarnieren zu dieser Zeit, und mit diesen Maßnahmen, die wir jetzt hier weltweit haben, wieder von dieser Erde weggehen. Es stellen sich Millionen Menschen zur Verfügung um gleichzeitig wieder von dieser Erde wegzugehen, um zu sterben an diesen Maßnahmen, damit ein großes Erwachen geschieht.

Ihr, die Menschen, ihr würdet sonst nicht erwachen. Es ist notwendig, dass ihr so einen Schock bekommt, aus höherer Sicht, sonst würde sich nichts verändern.

Euer Unterbewusstes, eure Seele – muss einen massiven „Seelenschock" bekommen durch das, damit ihr alle in eine höhere Frequenz aufsteigen könnt. Jahrzehntausende wurde von allen Sternengeschwistern schon daran gearbeitet, die positiv gesinnt sind für die Erde und für die Menschen, jedoch ihr habt es noch immer nicht kapiert. Ihr Menschen habt es nicht verstanden, leider, und jetzt ist die Zeit wieder da. Es ist wieder soweit.

Viele Menschen werden gehen, viele Menschen werden hierbleiben, es wird nicht einfach werden, jedoch ihr schafft es. Jetzt seid ihr so weit gekommen bis jetzt, und ihr schafft es wieder. Ihr wisst, wie das Überleben geht, und ihr wisst, wie ihr weiterkommt. Nur gemeinsam und in der Gemeinschaft, denn gemeinsam seid ihr stark.

Liebe Menschen, fürchtet euch nicht. Ich sage es noch einmal hier. Fürchtet euch nicht, diese Zeit, die jetzt da ist, die muss sein. Jeder, der erwacht ist, wird durchgehen und wird das mitmachen, denn es geschieht zu eurem Schutze und zum Schutz der Erde. Es darf sein.

Diese Machtmanipulationen müssen ein Ende haben. Und es ist bald vorbei, es dauert nicht mehr lange, und ihr werdet sehen, dass diese Nichtmenschen keine Chance mehr haben, hier auf der Erde zu überleben. Um hier zu überleben, brauchen diese Nichtmenschen – das Unlicht – viel Dunkelheit. Deshalb ist so viel Dunkelheit ausgesendet worden, damit der Mensch noch mehr gedrückt wird, noch mehr Ängste aussendet, denn damit habt ihr Menschen dieses Unlicht genährt.

Ja, jetzt kommt das Licht auf die Erde, schon lange. Je mehr Licht ihr diesen Unmenschen überträgt, umso schneller sind sie weg. Je mehr ihr freudvoll durch die Welt geht, und sieht, wie schön die Welt ist, umso schöner wird die Zeit. Schaut auf die Tiere, schaut auf die Vögel – diese wissen nichts von alle dem, es ist so ein schöner Anblick, wenn du siehst, welche Freude diese Vögel haben mit dem neuen Tag.

Sei in dieser Freude, bleibe in dieser Freude und lass dich von nichts abbringen. Bleibe in deiner Lebensfreude und bleibe in deinem Sein, siehe es positiv, die Zeit wird von euch jetzt benötigt, es ist wichtig, dass wir wieder eine Einkehr zu uns selbst haben. Das, was im Außen ist – gebt dem keine Macht mehr.

Ich liebe dich

Lasst euch nicht kleinkriegen, es ist alles gerichtet. Die Sternengeschwister sind hier schon sehr, sehr lange und geben auf euch Acht. Jeder, der weiß, dass es noch andere Lebewesen gibt, dass sie kommen um euch zu helfen, dass sie schon hier sind, der weiß, dass dies auch geschieht und real ist.

Es ist nicht nur EIN HIMMEL und wir sind alleine in dem Universum, nein, dieser Himmel ist ein Schutzmantel der Erde und wir sehen nicht über diesen Horizont hinaus. Gerade dies ist euer Problem. Ihr Menschen dürft in der Zukunft wieder weiter über diesen Horizont hinaussehen, denn dann werdet ihr erkennen, welche kleine unbedeutende Größe ihr hier als Mensch habt. Und doch seid ihr ALLES. Ihr habt alle Information, die im Außen auch ist. Denn diese wird jetzt aktiviert. Es ist die Zeit des Umbruchs, es ist eine Zeit, die jetzt nicht schön für euch wird, viele werden noch „umfallen", jedoch dieser Umbruch muss und darf sein. Ja ihr alle werdet in eine NEUE ZEIT einsteigen.

Es ist wie es ist, diese NICHTMENSCHEN können nur mit VIEL LICHT, NICHT mehr existieren. Jeder Mensch und jeder Leser, der das hier liest:

„Bitte macht jeden Tag euer Licht an!" Euer Licht aus eurem Herzen, lasst es strahlen überall in die Welt hinaus, und ihr werdet diese Nichtmenschen besiegen. Besiegen mit Leichtigkeit, mit eurer Liebe und mit eurem Licht.

Ich liebe euch und ich danke euch, dass ihr mir zugehört habt.

LASST EUER LICHT STRAHLEN UND DIE LIEBE WIRD WACHSEN

Schlusswort

Da die Zeit des Wachsens und der Energieanhebung sehr schnell voranschreitet, werden wir alle mit den neuen Energien, die uns dann zur Verfügung stehen werden, sehr gut damit umgehen können und auch in späterer Folge viel Gutes für uns und unsere MitMenschen tun können. Die Erde braucht jetzt Menschen der Liebe, der Glückseligkeit und viele Positive Gedanken. Wir alle sind daran beteiligt, dass es so ist – wie es jetzt ist – denn wir sind Alle Eins. Jeder hängt mit jedem zusammen, es ist GLOBAL ein Netz der Zusammengehörigkeit, mit allem was um uns, in uns und über uns ist. Wenn wir uns dies immer besser bewusst machen, dann wissen wir auch – es ist alles richtig so wie es ist. Wir wissen auch, wie wir in Zukunft mit unserem Denken und Tun sorgfältig umgehen, denn da wir alle eins sind, betrifft jeder Gedanke und jede Tat auch dein Gegenüber und es geht in dein Umfeld, um die Erde und in alle Universen.

In dieser Zeit ist es wichtig, sich immer wieder zu erden und auch das Bewusstsein zu haben, dass die Struktur von Allem was ist, immer kristalliner wird. Die Kristallenergie ist auf der Erde und lässt alles feiner und höher schwingen. Es ist eine sehr magische Zeit für uns alle und ich danke dir und all meinen Menschengeschwistern, dass ich dies schreiben darf und jetzt da bin, um mit dem allumfassenden Umwandlungsenergien mit wirken zu dürfen. Ein Gedicht, welches ich niederschreiben durfte, schenke ich dir als Abschluss in diesem Buch.

DER KRISTALL

ist es, der dich hat erreicht
es ist die Freiheit im Licht und in der Liebe und
damit zu leben merkst du – ist

GANZ LEICHT

Der Kristall gibt dir die Klarheit und ist der
Schlüssel für

ALLES LEBEN IM SEIN

drum sei damit verbunden - und sieh dich mit

ALLEM EIN

Elisa ©

Du findest meine Essenzen auf meiner Homepage: www.arasonn.com

Ein Link zu Dr. Kalcker – bitte lies es dir durch, Dr. Kalcker wird mit CDL hier in Europa nicht akzeptiert – die Schulmedizin spricht „anders" darüber.

https://gehtanders.de/videos/chlordioxid-neues-interview-mit-andreas-kalcker-und-buch-bye-bye-covid/

Bauchwellness Quelle:

http://dahannes.com/?ru=168b7c

Quelle: Healy

https://eu.healy.shop/partner?partnername=3228-0500-3245

€ 14 ^{90} *inkl. MwSt.

Die Autorin:
Elisabeth Ebenberger

Mit Botschaften für Dich!
Mögen sie dich begleiten und

dein Leben mit Freude, Licht

und Liebe erfüllen.
Dies ist dein Weg,
gehe ihn ohne Angst und lebe

deine Wahrheit,
nur so wirst du dich selbst

erkennen
und wissen
Ich bin das
ICH BIN

Books on Demand
ISBN 978-3-8482-2513-2, Paperback, 40 Seiten

€ 14 ⁹⁰ *inkl. MwSt.

Herzquell – der Name sagt schon
vieles aus,
es sind Botschaften für „dich",
tief aus dem innersten Herzen
heraus.
Danke, dass du bereit bist, diese
Zeilen zu lesen.
Sie werden dich begleiten in eine
etwas andere Welt,
die Welt der Liebe und der allumfassenden Wesen.

Mit Freuden werden diese Botschaften verkündet,
auch dir werden sie zeigen,
dass die Liebe allen Lebens wir selbst sind,
die uns mit allem verbindet.

Books on Demand
ISBN 978-3-8482-5818-5,

Paperback, 60 Seiten

ARAS SONNENKRISTALL

€ 14,90 inkl. MwSt.

Die Autorin:
Elisabeth Ebenberger

Beschreibung:

Wasser ist LEBENS – ENERGIE!
Unser Körper besteht aus ca. 80%
Wasser. Durch Informationen im
Wasser ist es möglich, Zellen in
lebenden Organismen zu harmonisieren und somit über die
Ausscheidung auch unserer Mutter Erde diese positive
Schwingung weiterzuleiten.

Seit ca. 17 Jahren gibt es ARASONN KRISTALL - Wasser, das
so eigentlich kein Wasser ist. Es wird nur Tropfenweise
angewendet und kann All – um – fassend eingesetzt werden.
Bringt Harmonie für Menschen, Tiere, Pflanzen und unsere
Mutter Erde. Das Buch ist eine Anleitung zur Anwendung der
Tropfen mit der Entstehungsgeschichte des Sonnenkristall
Wassers sowie Rückmeldungen von zufriedenen Kunden.
Durch HUMAN ENERGETIC COMMUNICATION wird das
Wasser informiert und wirkt auf sehr hohen Schwingungen in
Körper – Geist und Seele.

Books on Demand Paperback
104 Seiten
ISBN-13 978-3-7322-5315-9

GEHEIMES WISSEN - "MEINE WAHRHEIT"

29,99 € incl

Ebenberger Elisabeth

ISBN: 9783751903523

Mit diesem Buch bekommst du
lieber Leser - Informationen über
DAS LEBEN IM SEIN. Durch die
Niederschrift einer Seminarreihe in
diesem Buch vom ganzheitlichen
Gesundheitsberater – welche von
Lothar Walter Göring vermittelt wurden – darf ich dich jetzt in
ein spannendes Abenteuer DES LEBENS begleiten. Du
erkennst die Zusammenhänge von der Pyramidenenergie mit
unserem Körper und dem Leben - Gesund oder Krank – so ist es
möglich, an Hand der atlantischen Numerologie den eigenen
Lebensweg „anzusehen" und du darfst erkennen – das alles
Leben –

DEIN LEBEN - NUR VON DIR DURCH DEIN DENKEN –
PRODUZIERT WORDEN IST.

KOSMISCHES NATUR-GESETZ

Das universelle Lebens Gesetz

Elisabeth Ebenberger

Buch 12,99 €

E-Book 7,49 €

Elisabeth Ebenberger, Ganzheitliche
Gesundheitsberaterin, weiß um die
natürlichen Gesetzmäßigkeiten des
Lebens Bescheid, und gibt so einen
genaueren Einblick in das tägliche Leben mit Gedanken –
Worten und Taten. So ist dieses Büchlein eine Leselektüre für
jeden, der sich mit den kosmischen Naturgesetzen näher
auseinandersetzen möchte.
Wir Menschen brauchen Information – Information um die
Gesetze des Lebens, damit unsere Seele lernen darf und auch
den Weg weitergehen kann. Menschen, die dieses Buch finden,
werden ihre eigene Wahrheit erkennen. Zu finden sind die
Themen wie:
Der Sinn des Lebens, die Wahrheiten des Lebens, alles was du
denkst – realisiert sich. Wir Menschen sind jetzt in der Endzeit
… Paperback 100 Seiten

ISBN-13: 9783741241925

Verlag: Books on Demand

Erscheinungsdatum: 19.09.2016

SERAFINA - EINE ALTE SEELE ERZÄHLT

Interessantes über
Pyramidenenergie,
Atlantische Numerologie,
Myon - Neutrinos

Elisabeth Ebenberger

Buch 27,99 €   E-
Book 10,99 €

Serafina ist eine Geschichte   aus
einem Menschenleben, wahre Begebenheiten werden erklärt,
warum alles Leben mit pyramidenförmigen Teilchen zu tun hat
und warum die Pyramide und die atlantische Numerologie mit
unserem Leben hier auf Erden eine Einheit sind. Eine
Geschichte von Begebenheiten aus dem Leben der Autorin,
Visionen, wissenschaftlichen Unterlagen und das Innere Wissen
der Autorin

Hardcover 232 Seiten

ISBN-13: 9783748151739

Verlag: Books on Demand

Erscheinungsdatum: 09.01.2019

SPRACHE DER SEELE

Glaube - Wirklichkeit - Alles Ist

<u>Elisabeth Ebenberger</u>

Buch 10,00 €

E-Book 7,49 €

ISBN-13: 9783752625288

Verlag: Books on Demand

Erscheinungsdatum: 16.10.2020

Elisabeth Ebenberger

SPRACHE DER SEELE

Der Buchtitel Sprache der Seele ist für mich das Wissen, dass jedes Lebewesen hier auf der Erde eine Seele hat, die Information, nach jener ein Mensch im Leben agieren soll. Das innere Wissen meiner Worte, die sich beim Schreiben auftun, ist für mich die Realität im Sein.
Wie wir alle wissen, ist ALLE INFORMATION in der Akasha, oder auch im kosmischem Geistfeld gespeichert, und so schreibe ich diese Zeilen, mit dem Kosmischen Geistfeld verbunden, wo ich, wir alle angeschlossen sind.
Das was ich als Information hereinbekomme, das bringe ich zu Papier. Dieses Buch entsteht erstmals vollkommen aus mir heraus, aus meinem Inneren, und ich versuchte so gut als möglich, den Verstand bei Seite zu lassen.

Eine Haftung der Autorin bzw. des Verlages für Personen- Sach-
und Vermögensschäden ist hier ausgeschlossen